HISTOIRE
DE
LOUIS-PHILIPPE I.er

LONS-LE-SAUNIER, IMPR. DE F. GAUTHIER.

HISTOIRE

DE

LOUIS-PHILIPPE Ier,

ROI DES FRANÇAIS,

SUIVIE

DE NOTICES SUR MGR LE DUC D'ORLÉANS,
ET LE GÉNÉRAL LAFAYETTE.

A PARIS,
CHEZ LECOINTE, LIBRAIRE,
QUAI DES AUGUSTINS, N.° 49.

1831.

AVANT-PROPOS.

La France vient d'offrir un spectacle unique dans l'histoire des peuples. Au sein de la paix générale, au mépris des engagemens les plus sacrés, un roi parjure déchire tout à coup le pacte social, et au seul légitime empire de la loi ose substituer insolemment sa propre volonté. Mais la peine suit aussitôt le crime. Une révolution terrible éclate dans les murs de Paris. Aux cris de *vive la Charte! vive la Liberté!* la population tout entière se précipite aux armes. En vain contre ces généreux défenseurs des lois outragées, quelques hordes étrangères, quelques soldats privilégiés qu'égare un faux point d'honneur, vomissent les balles et la mitraille. Les rues sont dépavées, les barricades s'élèvent. A l'abri de ces retranchemens improvisés, on brave leurs décharges meurtrières, on leur résiste sur tous les points, on les chasse de toutes leurs positions. Partout la cause de la justice et de la liberté triomphe, et l'étendard tricolore, ce glorieux emblême de notre régénération, flotte sur tous les édifices de la capitale.

Tel fut l'immense résultat des journées des 27, 28 et 29 juillet 1830. C'était avoir beaucoup fait sans doute, et cependant le plus difficile restait à faire. Ce n'est rien pour nous que de vaincre; rarement savons-nous profiter de la victoire. Sur les ruines de l'ancien gouvernement détruit de fond en comble, il s'agissait maintenant d'en élever un nouveau. La première ivresse du triomphe avait, il est vrai, un moment réuni tous les esprits dans un même sentiment d'enthousiasme pour la liberté et d'horreur pour la tyrannie; et de là cette admirable modération dans la victoire, ce calme profond qui succéda tout à coup à l'épouvantable bruit des armes. Mais cette exaltation passagère une fois dissipée, il fallait bien se résoudre à rentrer dans la vie commune des nations; et cela, dans l'intérêt de la cause victorieuse elle-même;

car la liberté dégénère facilement en licence, là où elle n'est contenue par aucun frein. Déjà la voix des partis commençait à se faire entendre, et menaçait la France de la plus affreuse anarchie. Abusés par les illusions de leur âge, quelques jeunes gens voulaient réaliser le rêve d'une république impossible. Des serviteurs de Napoléon proclamaient le fils de leur ancien maître, cet enfant adoptif de l'Autriche, livré, dès son bas âge, à la merci de cette puissance ennemie, et devenu ainsi, par son éducation encore plus que par son exil, entièrement étranger à son pays natal. D'autres enfin, d'une voix plus timide, parlaient de soumission, de négociation avec le pouvoir déchu, comme si cette nouvelle catastrophe eût pu corriger des gens à qui 1793 et les Cent-jours n'avaient encore rien appris ! Ainsi les esprits flottaient incertains, et le vaisseau de l'État, abandonné à lui-même, battu par tous les vents, errait au hasard sur une mer hérissée d'écueils ? Quel pilote assez habile viendra le sauver du naufrage et le conduire heureusement au port ? Tout à coup le nom du duc d'Orléans est prononcé, et ce nom, comme par enchantement, impose silence à tous les autres. Les pairs de France, les députés des départemens, réunis dans ces graves circonstances comme les sénateurs de l'ancienne Rome, pour veiller à ce que la chose publique ne reçût aucun dommage, prennent l'unanime résolution de lui en confier le gouvernement. Ils vont le trouver dans sa retraite de Neuilly, et, au nom, toujours si puissant sur lui, de la patrie en danger, l'arrachant aux douces habitudes de sa vie patriarchale, le forcent en quelque sorte d'accepter cette belle couronne de France que la branche aînée de sa famille vient de perdre d'une manière si déplorable. Le généreux prince retourne avec eux dans la capitale; comme le bon Henri IV, vainqueur de la Ligue, son auguste aïeul, il y est accueilli par d'universelles acclamations. Autour de lui viennent se ranger les combattans des trois grandes journées, encore tout noircis par la poudre, et tous les Français dont le cœur bat pour l'indépendance et la gloire de la patrie. Il arrive ainsi à l'Hôtel de Ville; et c'est là, qu'en présence du vénérable Lafayette, cet intrépide vétéran de la liberté des deux mondes, d'une voix qui n'a jamais trahi la vérité ni faussé ses sermens, il promet d'accorder à la France ce qu'elle a vainement demandé à tous les pouvoirs qui se sont succédé depuis 1789 : *un trône populaire entouré d'institutions républicaines.* Le peuple enivré le reconduit en triomphe à son palais, et la capitale se range avec joie sous les lois paternelles du prince-citoyen. La France entière obéit à cette merveilleuse impulsion. Partout le nom de Louis-Philippe Ier y est proclamé avec enthousiasme ; partout s'établit sans excès, comme sans opposition, le règne de l'ordre et de la liberté. Tout despotes qu'ils puissent être, les souverains étrangers sont obligés de reconnaître aussi que cette nouvelle révolution française échappe aux étroites combinaisons de leur politique, et que la voix des peuples, cette sainte voix de Dieu lui-même, comme l'appellent les anciens, doit être comptée pour quelque chose dans le gouvernement des peuples. Ainsi, devant l'énergique volonté d'une nation résolue à tous les sacrifices pour la défense de ses droits, tombent de nouveau et pour toujours ces absurdes maximes du droit divin, si long-temps fatales aux peuples, si outrageantes pour la divinité elle-même, dont de faibles mortels osent se constituer les représentans. En moins de trois mois, les ambassadeurs de toutes les grandes puissances de l'Europe ont rendu hommage au nouveau roi des Français qui, tranquille au dedans, respecté au dehors, se voit plus solidement établi sur son trône que les races royales les plus antiques.

Voilà ce qu'a été pour nous la salutaire influence d'un seul homme. Ainsi sont venus expirer devant lui tous les efforts de l'anarchie, mère du despotisme. Ainsi ont été si heureusement prévenus les excès de notre première révolution, si légitime d'ailleurs dans son origine, si bienfaisante qu'elle ait été dans ses résultats. Ainsi la France a repris son rang parmi les nations, et s'est relevée forte et fière à la tête de la civilisation européenne; donnant de nouveau aux rois une de ces grandes et terribles leçons dont il serait temps qu'ils profitassent enfin, dans leur intérêt même, non moins que dans celui des peuples. Or, c'est de ce prince libérateur, de ce digne successeur de Henri IV, que nous nous proposons de donner la vie au public; vie romanesque en quelque sorte, pleine de vicissitudes, et dans laquelle on admirera toujours un grand cœur supérieur à sa fortune. Comme écrivain, nous nous félicitons d'avoir constamment à offrir dans le prince, et cela sans qu'on puisse nous accuser de flatterie, le tableau des vertus de l'homme et du citoyen. Français et garde national, nous venons déposer aussi notre tribut sur l'autel de la patrie; faible hommage de notre reconnaissance envers la révolution de juillet et le monarque vertueux que la volonté du peuple en a constitué le chef!

HISTOIRE
DE
LOUIS - PHILIPPE Ier,
ROI DES FRANÇAIS.

CHAPITRE Ier

Naissance de Louis-Philippe ; son éducation.

Louis-Philippe d'Orléans naquit à Paris le 6 octobre 1773, de Louis-Philippe-Joseph d'Orléans, premier prince du sang, et de Louise-Marie-Adélaïde de Bourbon-Penthièvre, fille de ce bienfaisant duc de Penthièvre, dont plus d'un indigent garde encore la mémoire. Le jeune prince reçut d'abord le nom de duc de Valois ; à la mort de Louis-d'Orléans, son aïeul, il prit celui de duc de Chartres que jusqu'alors avait porté son père. Sa première enfance fut confiée aux soins de l'abbé de Bonnard, ancien officier d'artillerie, homme instruit, d'un caractère plein de douceur, et que Mme de Genlis, à la recommandation du célèbre Buffon, avait fait nommer sous gouverneur des enfans d'Orléans. A l'âge de neuf ans, âge auquel, pour nous servir d'une expression de cour, les enfans des rois sont déjà sortis de la main des femmes, l'éducation du duc de Chartres, celle du duc de Montpensier, du comte de Beaujolais, ses frères, et de leur sœur Mlle Adélaïde d'Orléans, fut entièrement abandonnée à Mme de Genlis, femme que ses nombreux ouvrages ont rendue assez illustre, et qui, par son caractère non moins que par la prodigieuse fécondité de son esprit, méritait cette honorable distinction. La proposition lui en fut faite par le père des jeunes princes ; sûre de ses forces et comptant encore plus sur son zèle, elle accepta aussitôt : « Je vis la possibilité d'une chose « extraordinaire et glorieuse, et je désirai « qu'elle pût avoir lieu, » dit-elle à ce sujet dans ses mémoires imprimés en 1825, comme par une espèce d'instinct prophétique des grandes destinées réservées à son royal élève. Aussi apporta-t-elle dans ses délicates fonctions toute la prudence et les lumières qu'on pourrait attendre du gouverneur le plus éclairé. Elle ne voulut mettre à son dévouement qu'une seule condition : c'est qu'elle remplirait gratuitement la tâche immense qu'elle s'imposait; bien différente de ces grands seigneurs qui ne briguent l'emploi de gouverneur de princes que comme une charge de cour, une voie assurée aux honneurs et à la fortune, et abandonnent leurs malheureux élèves à des mains subalternes qui, le plus souvent encore, se déchargent d'un tel soin sur les valets de chambre de monseigneur. Par cette généreuse exception, Mme de Genlis échappait aussi aux caprices indulgens des père et mère, qui corrompent le fruit des meilleures leçons ; elle se rendait enfin entièrement maîtresse de son éducation, et cette indépendance absolue était nécessaire aux vues nouvelles qu'elle se proposait. Cette éducation n'eut donc rien de commun avec celle que l'on donne ordinairement aux enfans des rois. La sage institutrice ne vit d'abord en ses élèves que des enfans ordinaires qui, destinés avant tout à devenir hommes, devaient se préparer à subir toutes les chances de l'humanité. Heureuse prévoyance, qui leur ménageait de précieuses ressources et de douces consolations dans des malheurs que toute la prudence humaine ne pouvait alors même soupçonner.

L'abbé de Bonnard ayant renoncé à ses fonctions de sous-gouverneur, piqué de ce que Mme de Genlis lui eût été préférée pour la place qu'il ambitionnait, elle le remplaça par M. Lebrun, jeune mathématicien, qui revenait d'un voyage scientifique en Amérique. Elle lui adjoignit comme précepteur M. l'abbé Guyon, spécialement chargé d'enseigner aux jeunes princes les devoirs de leur religion et les principes de la latinité. Quant aux leçons d'histoire, de mythologie, de littérature et de géographie, Mme de Genlis se réserva de les donner elle-même. Voici au reste comme elle trace dans ses mémoires le plan qu'elle suivit, et que nous recommandons aux pères de famille et aux instituteurs qui peuvent le mettre en pratique :

« Je convins avec M. Lebrun que, les
« matins, au palais royal, les princes, levés
« à sept heures, prendraient avec M. l'abbé
« leur leçon de latinité et leur instruction
« religieuse, et celle de calcul avec M. Le-
« brun, qui ensuite les amènerait à Belle-
« chasse à onze heures. Après le dîner,
« qui avait lieu à deux heures, je me
« chargeais toute seule du reste de la
« journée jusqu'à neuf heures. Je priai
« M. Lebrun de faire un journal détaillé
« de la matinée des jeunes princes jusqu'à
« onze heures, en laissant une marge pour
« mes observations. J'écrivis la première
« page de ce journal. Elle contenait des
« instructions particulières pour M. Lebrun
« sur l'éducation des princes. M. Lebrun
« m'apportait tous les matins ce journal ;
« je le lisais sur-le-champ ; je grondais ou
« louais, je punissais ou récompensais en
« conséquence de la lecture. Dans le cours
« de la journée, j'écrivais à la marge mes
« observations, et le soir, je rendais le
« journal à M. Lebrun qui me le rapportait
« le lendemain. En outre, je faisais un
« journal particulier de tout ce qui se pas-

« sait entre les enfans et moi. J'y joignais
« mes exhortations. Tous les soirs, je leur
« lisais le résultat de la journée et je le
« leur faisais signer à tous. Ainsi je pouvais
« rendre compte de leur éducation minute
« par minute. Ces journaux ont été conti-
« nués avec la plus scrupuleuse exactitude
« jusqu'à la fin de l'éducation, et sont
« maintenant entre les mains de M. le duc
« d'Orléans (le roi actuel) à qui je les ai
« donnés. »

Quatre mois de la mauvaise saison se passaient ainsi à Paris, et le reste de l'année à Saint-Leu, village situé à quelques lieues de la capitale, dans une charmante maison de campagne appartenant à M. le duc et à Mme la duchesse d'Orléans. C'était Mme de Genlis qui les avait engagés à en faire l'acquisition pour leurs enfans. La solitude et la simplicité des champs lui semblaient avec raison plus favorables à l'étude que le bruit des villes et la pompe des cours, et les beautés de la nature plus propres à élever l'ame que le spectacle des plus brillantes merveilles de nos arts. Elle voulait surtout que ses élèves apprissent à connaître de bonne heure et par eux-mêmes la classe estimable des laboureurs, cette force première de l'état, que les odieux préjugés des gens du monde tenaient alors pour vile et méprisable. Comme le jeune Henri IV, Louis-Philippe fut aussi l'enfant du peuple ; et les persécutions que, plus tard, il eut à essuyer de ceux dont la naissance semblait devoir lui assurer aide et protection, la bienveillante hospitalité que lui offrit partout la chaumière du pauvre, n'ont fait que fortifier en lui les favorables impressions de ses premières années.

Mme de Genlis mit d'abord tous ses soins à connaître le caractère de ses élèves ; tous étaient doués d'un excellent naturel et des plus heureuses dispositions. Pour ne parler ici que de l'aîné : « Il avait, dit-elle, un
« bon sens naturel qui, dès les premiers
« jours, me frappa. Il aimait la raison
« comme tous les autres enfans aiment les
« contes frivoles. Dès qu'on la lui présen-
« tait à propos et avec clarté, il l'écoutait
« avec intérêt ; il s'attacha passionnément à
« moi, parce qu'il me trouva toujours
« conséquente et raisonnable. » Aussi n'eut-

elle pas grande peine à le défaire de quelques habitudes de grand seigneur, que lui avait laissé prendre la trop facile indulgence de l'abbé de Bonard. Entr'autres caprices d'enfant, il témoignait beaucoup d'aversion pour les chiens; et, dans ses promenades au bois de Boulogne, M. l'abbé avait l'attention de faire marcher en avant deux valets de pied, pour chasser tous les chiens qui pouvaient se trouver sur la route du jeune prince. Qu'on juge par ce seul fait, si minutieux qu'il puisse paraître, de tous les vices de l'éducation qu'on donne à des enfans destinés à devenir un jour les pasteurs des peuples! Ainsi encore, dans l'ancienne monarchie, on élevait avec l'héritier présomptif de la couronne ce que l'on appelait alors son *menin*, enfant de bonne famille d'ailleurs, et qui recevait complaisamment le fouet et les autres corrections qu'avaient méritées son royal condisciple.

A un jugement sain, M. le duc de Chartres joignait une mémoire prodigieuse. L'étude des langues développa utilement en lui ce beau don de la nature, sans lequel les autres sont à peu près stériles. Mais on ne se contenta pas de lui enseigner les langues mortes, si souvent inutiles dans le cours ordinaire de la vie, et bonnes tout au plus aux littérateurs de profession. Mme de Genlis sentit que la connaissance des idiomes vivans était infiniment préférable, même pour des princes, que leur rang met dans des relations habituelles avec les cours étrangères. Pour en faciliter l'étude à ses élèves, elle se servit d'un moyen fort simple, et que nous sommes surpris de ne pas voir plus fréquemment employé par les personnes riches. Ce fut d'attacher à leur service des étrangers de diverses nations, et qui ne devaient s'entretenir avec eux que dans leurs langues natales. C'est ainsi qu'elle leur donna pour aumônier un prêtre italien, l'abbé Marastini, possédant à fond la riche littérature de son pays, et qui lui avait été recommandé par le nonce du pape Doria. Un valet de chambre allemand, et connaissant aussi parfaitement sa langue, les accompagnait dans leurs promenades du matin. Ils avaient en outre un jardinier allemand pour les diriger dans l'exploitation d'un petit jardin qu'ils plantaient et cultivaient eux-mêmes. Les loisirs de la matinée se passaient de la sorte en conversations allemandes. A dîner, et pendant la récréation du soir, on ne parlait qu'anglais ; on soupait en italien. Joignant la théorie à la pratique, les enfans, dans le cours de la journée, apprenaient les principes de ces langues avec des maîtres particuliers, qui donnaient leurs leçons dans la chambre et sous les yeux de Mme de Genlis. Dévouée, comme une mère, à ses élèves, elle présidait à tout, et ne les perdait pas un seul instant de vue, quelque confiance qu'elle eût d'ailleurs dans les personnes qui partageaient sa tâche. C'est par ces soins éclairés que le roi des Français s'est rendu familières la plupart des langues de l'Europe, qui, dans ses voyages, lui furent d'un si grand secours ; et, comme il les étudia ensuite dans leur mère patrie, il est peu de savans qui puissent se flatter de les connaître et de les parler avec plus de correction.

Les élèves de Mme de Genlis apprirent de la même manière, sans efforts comme sans ennuis, les élémens de l'histoire, de la géographie et des sciences. Un pharmacien nommé Alyon, bon botaniste et excellent chimiste, les suivait dans leurs promenades pour leur faire connaître la classification et les propriétés des plantes ; tous les étés, il faisait aussi pour eux un cours de chimie. Les leçons de dessin leur étaient données par un polonais nommé Merys, qui avait le plus grand talent pour peindre les sujets à la gouache. Mme de Genlis imagina de lui faire faire une lanterne magique historique; il peignit ainsi sur verre les principaux faits de l'histoire sainte, de l'histoire ancienne, de l'histoire romaine, et de celles de la Chine et du Japon. Les élèves montraient cette lanterne magique tour à tour, une fois par semaine; se préparant ainsi en se jouant à une connaissance plus profonde de l'histoire, cette grande maîtresse des peuples et des rois. Ils en représentaient en outre les principaux événemens dans de petits drames dont ils étaient eux-mêmes les acteurs, et s'identifiaient en quelque sorte avec tous les grands personnages des temps anciens et modernes. C'est dans le même but d'utilité que fut encore inventé pour eux un jeu qui faisait leurs délices. On leur faisait mettre en action et jouer, dans le beau parc de Saint-Leu, les voyages les plus célèbres racontés dans l'histoire générale des voyages, de l'abbé Prévost. Tout le monde, dans la maison, avait un rôle dans ces espèces de représentations théâtrales. La rivière du parc figurait la mer; de jolis petits bateaux formaient les flottes; on revêtait les costumes des diverses nations parcourues par les voyageurs. On apprenait de cette manière à sortir de son pays et à connaître un peu les autres peuples, connaissance si utile et surtout pour des princes. De là naquit, dans le jeune duc de Chartres, ce goût si vif pour les excursions lointaines, qui bientôt devait le conduire sous les glaces du pôle et à travers les forêts du Nouveau Monde, comme un simple voyageur allant explorer des pays inconnus et étudier les mœurs des nations étrangères.

Aux approches de l'hiver, Mme de Genlis ramenait ses élèves à Paris, non pour s'y livrer à de frivoles amusemens, mais afin d'y compléter leur éducation. Là, comme à Saint-Leu, aucun moment n'était perdu; les leçons suivaient leur cours ordinaire; les récréations mêmes avaient leur utilité. Une vaste antichambre en était ordinairement le théâtre. On y avait monté un tour auprès d'un établi couvert des outils de différens métiers; plus loin s'offrait aux yeux un cabinet de physique et l'intérieur d'un laboratoire de chimie, avec ses cornues, ses alambics, ses creusets. Là, tantôt les enfans répétaient les savantes expériences qu'on leur avait montrées dans leurs leçons, tantôt s'instruisaient des règles de l'architecture en formant, avec des cartons qui en représentaient les divers ordres, des plans en relief, des palais, des monumens de fantaisie; d'autres fois enfin, ils ne dédaignaient pas de faire leur apprentissage d'ouvriers, et maniaient gaîment la lime et le rabot. M. le duc de Chartres se distinguait aussi dans ces travaux; c'est ainsi qu'avec la seule aide de M. le duc de Montpensier, son frère, il fit pour l'ameublement d'une pauvre paysanne de Saint-Leu, dont il prenait grand soin, une grande armoire et une table à tiroir aussi bien travaillées que si elles l'eussent été par le meilleur menuisier. Toutes ces choses, dit Mme de Genlis à qui nous devons ces intéressans détails, ne prenaient point sur leurs études ; c'était leur unique amusement, et jamais enfans ne se sont trouvés si heureux durant leur éducation.

Les promenades avaient aussi un but d'instruction. On ne sortait que pour aller voir des cabinets de tableaux, de physique et d'histoire naturelle, ou les manufactures dont on avait lu le détail dans l'Encyclopédie. On faisait ces visites non en curieux oisif, mais en amateur éclairé. Chaque élève prenait sur son portefeuille des notes sur les objets d'art qui l'avaient plus particulièrement frappé. Mme de Genlis mettait ensuite ces remarques en ordre, les rectifiait en ce qu'elles pouvaient offrir d'erronné, y ajoutait les siennes, et accoutumait ainsi les enfans à se faire de chaque chose une idée juste et fondée sur leur propre observation.

Combien de fois aussi la cabane du pauvre n'attira-t-elle pas les pas des jeunes écoliers? Aux dons de la bienfaisance, ils savaient joindre la bonne grâce et la délicatesse qui les rendent encore plus précieux. Devenus plus grands, Mme de Genlis voulut leur faire envisager de près les plus grandes misères de l'humanité qui n'approchent guère du palais des rois. Elle les conduisait une fois par semaine à l'Hôtel-Dieu, ce triste réceptacle des plaies les plus hideuses de la capitale. Leur visite ne se bornait pas à de simples secours pécuniaires, à de froides consolations, qui coûtent si peu aux riches et aux heureux; mais, comme le chirurgien compatissant, comme la bonne sœur hospitalière, ils mettaient eux-mêmes la main à l'œuvre, soignant les malades, leur présentant des remèdes, pansant leurs blessures, et y versant l'huile et le baume du Samaritain.

L'école de médecine garde précieusement la lancette qui servit au jeune duc de Chartres pour ce pieux usage, et dont il tira ensuite d'honorables moyens d'existence dans ses voyages en Amérique; monument plus utile, en effet, que ces trophées d'armes des conquérans, cimentés du sang et de la sueur des peuples.

La gymnastique était une partie essentielle de l'éducation des anciens ; c'était même une de leurs maximes que la santé de l'ame dépend en quelque sorte de celle du corps. De là ces rudes jeux de la lutte et du pugillat qui faisaient leur plus doux passe-temps ; de là aussi ces marches forcées, ces exercices violens des soldats grecs et romains, qui les rendaient si redoutables à leurs ennemis. Les nations modernes n'avaient pas senti, jusqu'à présent, ce qu'il y a d'utile, et même de moral, dans ces soins donnés au développement des forces physiques, renfermés toutefois dans de justes limites que n'ont pas toujours su garder les peuples de l'antiquité. On reconnaît mieux aujourd'hui les avantages de la gymnastique : elle est même en honneur dans plusieurs maisons d'éducation. Ce bienfait est particulièrement dû aux éloquentes pages de l'*Émile* de J. J. Rousseau. Mme de Genlis mit heureusement en pratique pour ses élèves les leçons du philosophe Genevois. C'est ainsi qu'elle les accoutuma de bonne heure à franchir les haies et les fossés, à coucher sur la dure, à supporter les intempéries des saisons, à faire, par un temps de pluie ou par le froid le plus rigoureux, de longues marches, le sac sur le dos et les souliers doublés de semelles de plomb, à se contenter d'une nourriture grossière, mais saine. Tous ces soins paraissaient alors superflus ; on s'en moquait même à la Cour, où rien de pareil ne s'était encore vu ; mais une cruelle expérience, devait bientôt en faire sentir la nécessité. Tant il est vrai qu'on ne saurait jamais apporter trop de prévoyance dans l'éducation des enfans, à quelques brillantes destinées qu'ils semblent d'ailleurs appelés !

On a blâmé vivement cette éducation *bourgeoise et à la Jean-Jacques*, comme l'ont appelée des gens superficiels, croyant la flétrir par ces honorables dénominations ; reproche injuste, si ce pouvait en être un, et que Mme de Genlis prend assez inutilement la peine de réfuter. Quel si grand mal y aurait-il, en effet, d'appliquer à des princes quelques-unes des belles théories de l'*Émile ;* théories pour la plupart sans doute impraticables dans

3

l'état actuel de la société, mais qui du moins tendent toutes à l'amélioration et au bonheur de l'espèce humaine? Cependant, tout en voulant faire des hommes de ses élèves, leur prudente institutrice n'oublia pas non plus que ces hommes devaient vivre en France, au 18ᵉ siècle, et qu'en outre, ils étaient destinés à être princes. Elle ne négligea donc pas les arts qui font le charme de la société, et leur fit donner des maîtres particuliers de tout ce qu'elle ne pouvait-leur enseigner elle-même. Elle prit soin aussi de les accoutumer à ces formes aimables et polies, auxquelles notre nation cérémonieuse attache tant de prix, et qu'elle demande surtout à ceux qui la gouvernent. Une exquise urbanité distingua de bonne heure l'aîné de ses élèves. Doué d'un cœur bon et affectueux, Louis-Philippe en offre dans ses manières la bienveillante expression. Son seul abord lui gagne tous les cœurs. Ce n'est point en lui cette politesse froide et dédaigneuse qui, pour nous servir des expressions de la Henriade,

Croit le sang d'un sujet trop payé d'un coup-d'œil ;

mais une douce affabilité qui, sans oublier ce qui est dû à la majesté royale, ne dédaigne pas de serrer cordialement la main calleuse du laboureur et de l'artisan.

Tous les samedis, pour mieux les former aux usages du monde, Mme de Genlis réunissait autour d'eux une société nombreuse et choisie; des savans, des littérateurs, des artistes y étaient appelés, et rendaient la conversation instructive autant qu'agréable pour les jeunes princes. Chaque semaine aussi, outre leurs exercices ordinaires, on leur donnait un sujet de composition sur quelque question de morale ou d'histoire; ils devaient le traiter soigneusement et avec le seul secours de leur intelligence. Insensiblement ils apprirent ainsi l'art si difficile de bien exprimer ses pensées. M. le duc de Montpensier surpassait tous les autres dans ce genre d'étude; il avait dans son style une grande élégance naturelle; mais les compositions de son frère aîné annonçaient déjà cet esprit d'ordre, cette raison et cette droiture de sentimens qui forment le fond de son caractère.

Lorsqu'ils eurent atteint l'âge de douze ans, on les conduisait de temps en temps aux représentations de nos chefs-d'œuvre dramatiques. Mme de Genlis pensait avec raison que c'était un excellent moyen de les initier à la connaissance de toutes les beautés de notre langue. Les objections qu'on peut élever contre une méthode semblable, ne sauraient subsister pour de jeunes princes qui, appelés à être les protecteurs des arts, doivent naturellement assister à ces spectacles, et savoir les juger sous les rapports de la littérature et des mœurs.

C'est cependant d'après cette libérale pensée qu'on a reproché à Mme de Genlis d'avoir élevé les princes d'Orléans dans une indifférence complète des devoirs de leur religion. Les auteurs d'une accusation si peu fondée ont sans doute oublié que, durant tout le cours de sa vie, Mme de Genlis consacra son talent à la défense de la foi de ses pères; que souvent même l'ardeur de son zèle l'emporta beaucoup trop loin contre ceux qui ne partageaient pas ses opinions religieuses. Nous avons vu que deux prêtres avaient été attachés par elle auprès de ses élèves, l'abbé Marastini, comme aumônier, et l'abbé Guyon, comme précepteur. A cette époque, elle composa aussi pour eux un ouvrage dont le titre seul indique l'esprit: *La religion considérée comme l'unique base du bonheur et de la philosophie.* Voici enfin l'examen de conscience qu'elle leur faisait faire chaque jour, et qui doit désarmer les plus rigoristes.

« Ai-je rempli mes devoirs envers
« Dieu, envers mon créateur? L'ai-je
« prié avec ferveur, avec confiance? Ai-je
« écouté avec respect et sans distractions
« les instructions chrétiennes et les lec-
« tures de piété? Ai-je pensé aujourd'hui
« aux objets du monde que je dois le plus
« aimer, à mon père, à ma mère? Ai-je
« rempli tous mes devoirs envers mes pa-
« rens? Ai-je été sensible et doux envers
« ma sœur et mes frères, docile, recon-
« naissant et appliqué avec mes institu-
« teurs? N'ai-je désobligé personne? N'ai-
« je à me reprocher aucune médisance?
« Ai-je été parfaitement sincère? Ai-je été

« sobre, discret, charitable, modeste,
« courageux autant qu'on peut l'être à
« mon âge? N'ai-je pas donné quelques
« marques de faiblesse, de mollesse, mé-
« prisables dans un homme? Ai-je fait
« enfin tout le bien que j'ai pu faire?
« Ai-je eu toutes les attentions que je de-
« vais avoir pour les personnes absentes
« et présentes auxquelles je dois de l'af-
« fection, du respect, de la reconnais-
« sance, de l'amitié, des égards et des
« des soins? »

Ainsi tombent d'eux-mêmes ces reproches d'indifférence religieuse, pour ne pas dire d'impiété, qu'élèvent les ennemis de notre gouvernement contre le bon Prince que le peuple a si bien su choisir. Sans doute Louis-Philippe n'est pas toujours entouré de prêtres; son conseil n'est pas un conclave; il n'a pas besoin de l'avis d'un confesseur pour apaiser les remords d'une conscience parjure; ses bienfaits vont chercher les malheureux sans s'informer à quelle religion ils appartiennent; les honneurs et les places ne sont pas le partage exclusif des protégés du sacerdoce; le clergé, enfin, ne peut plus se flatter d'exercer dans l'état une influence non moins fatale à sa propre existence qu'à la tranquillité publique. Mais, en renfermant ses membres dans les pieuses fonctions de leur ministère, le Roi des Français leur a rendu leurs titres à l'estime et à la reconnaissance des peuples. Tout en accordant la plus entière liberté à l'exercice des autres cultes, il sait aussi faire respecter, comme il la respecte lui-même, la religion dans laquelle il a été élevé, et dont il a constamment pratiqué les devoirs les plus essentiels, à savoir : la piété filiale et fraternelle, la compassion secourable aux infortunés, la fidélité à la foi promise, la résignation dans le malheur, et la modestie dans la prospérité.

CHAPITRE II.

Suite de l'éducation du duc de Chartres. — Divers traits de sa piété filiale et de sa sensibilité. — Voyage à Spa, au Mont-St-Michel, au Hâvre. — Portrait du jeune Prince tracé par Mme de Genlis. —Caractère de ses frères et de Mlle Adélaïde d'Orléans.

Madame de Genlis ayant eu le malheur de perdre sa fille unique, sa santé se trouva vivement affectée de ce cruel accident. Les médecins lui conseillèrent les eaux de Spa, et elle se disposa, quoique à regret, à se séparer de ses élèves. Mais M. le duc et Mme la duchesse d'Orléans sentaient trop bien le prix d'un pareil mentor, pour l'enlever à leurs enfans avant que leur éducation fût terminée. Ils aimèrent mieux l'accompagner eux-mêmes avec toute leur famille dans ce voyage, que semblait réclamer aussi la santé de Mme la duchesse d'Orléans. Pendant toute la route, ces aimables enfans ne voulurent pas laisser à d'autres le soin de servir leurs père et mère et leur estimable gouvernante; remplissant ce pieux devoir avec une prévenance et une grâce charmantes. Arrivés à Spa., leur amour filial se manifesta par les mêmes attentions, si douces au cœur des parens. Quand la santé de leur mère ne laissa plus d'inquiétude, les jeunes princes imaginèrent de célébrer sa convalescence par une petite fête de famille dont leur institutrice fut l'ordonnateur. On choisit pour théâtre l'intérieur d'un petit bois fort joli, mais tout hérissé de ronces et d'épines. Les enfans prirent soin de les arracher eux-mêmes, et formèrent ensuite des sentiers bordés de gazon qui conduisaient au milieu du bosquet. Là, ils avaient élevé de leurs mains, et d'après leurs dessins, un *autel à la reconnaissance;* on lisait sur le frontispice cette touchante inscription :

« Les eaux de la Savonière ayant rétabli
« la santé de Mme la duchesse d'Orléans,
« ses enfans ont voulu embellir les envi-
« rons de la fontaine, et ont eux-mêmes
« tracé les routes et défriché ce bois. »

C'est ainsi qu'ils ne négligeaient aucune occasion de donner à leurs parens des témoignages de respect et de tendresse.

Avant de quitter Spa, les illustres voyageurs voulurent visiter le vieux château de Franchimont, situé sur le sommet d'une montagne d'où l'on jouit d'une vue étendue et magnifique, M. le duc de Chartres fournit encore en cette circonstance une nouvelle preuve d'une réelle sensibilité.

Ayant appris que le château renfermait de malheureux prisonniers pour dettes, cette seule idée le rendit d'abord étranger aux plaisirs du reste de la société. « Tant qu'il y aura là des prisonniers, « dit-il, cette vue si belle ne le sera pas « pour moi. » Mais, ne se bornant pas à une stérile pitié, il proposa au même instant une souscription pour la délivrance des captifs. Ses généreuses intentions furent remplies : portant alors ses yeux, d'abord sur la prison vide, et de là sur les riches campagnes qui se déroulaient à ses pieds : « C'est maintenant, s'écria-t-il, « avec attendrissement, que je reconnais « que cette vue est, en effet, aussi riante « qu'elle est admirable. » Le prince qui témoignait ces sentimens généreux, avait à peine quatorze ans.

De Spa, les voyageurs se rendirent à Givet, où ils restèrent trois jours. Le duc de Chartres y passa la revue d'un régiment d'infanterie qui portait son nom, et dont il était colonel en titre. M. de Valence, qui commandait sous ses ordres, improvisa, pour son heureuse venue, une petite fête militaire qui plut beaucoup aux jeunes princes. On y représentait la prise d'un fort; après une attaque fort vive, dirigée par M. de Valence, celui-ci ayant emporté la place, vint présenter à M. le duc de Chartres son épée victorieuse. « Reprenez-la, lui répondit aussitôt l'en-
« fant; elle est en de trop bonnes mains,
« pour que je puisse la recevoir. » Réponse pleine de délicatesse et d'à-propos, qu'accueillit le régiment par ses acclamations.

L'année suivante, 1788, M. le duc d'Orléans ayant acheté la terre de la Motte, en Normandie, sur les bords de la mer, ses enfans y allèrent passer six mois avec leur gouvernante. Là, mettant à profit leur nouveau séjour, ils se livrèrent à l'étude des coquillages, des productions marines et de tous les grands phénomènes de l'océan. A leur retour, ils passèrent par le Hâvre où ils visitèrent, avec leur avidité d'instruction accoutumée, les arsenaux, la jetée, les vaisseaux, tout ce qui leur parut digne d'attention. La vue d'un bâtiment négrier exerça vivement leur jeune sensibilité; ils donnèrent des larmes au sort de ces malheureux arrachés violemment à leur pays, entassés les uns sur les autres dans un vaisseau dont la dénomination seule fait horreur, et destinés à être vendus comme des animaux. Et pourquoi ces indignes traitemens ? Parce que la nature a donné aux nègres une couleur différente de la nôtre! ou plutôt, parce qu'il a plu à quelques docteurs d'interpréter faussement un passage de la bible qui dit que la postérité de Cham, dont ils font descendre les Africains, sera soumise à celle de ses deux frères! En vérité, la raison et le cœur se révoltent à la fois contre un abus de la force si absurde et si horrible. Quand la révolution n'aurait eu d'autre effet que de le faire cesser, l'humanité lui devrait d'immortelles actions de grâces.

Du Hâvre, ils vinrent au Mont-St-Michel, fort presque inaccessible, élevé sur un rocher battu continuellement par les eaux de la mer. C'était alors ce qu'on appelait une prison d'état, c'est-à-dire, une prison où, sans aucune forme de procès, on renfermait, sur le moindre soupçon, des malheureux qui y restaient souvent toute leur vie, sans que leur famille fût informée de leur sort, et qu'ils sussent eux-mêmes de quoi on les accusait. Cette petite Bastille se distinguait encore de toutes les autres par un genre de torture qu'avait pu seul imaginer le démon de la barbarie. Nous voulons parler de la fameuse cage de fer où Louis XIV retint dix années entières prisonnier un journaliste hollandais, qui n'avait eu d'autre tort que d'avoir préféré les intérêts de son pays à ceux du grand roi qui venait l'opprimer. Car c'était surtout aux organes indépendans de la presse qu'étaient réservés de pareils supplices. Ainsi, sous le successeur de Louis XIV, l'abbé Sabatier eut à subir la captivité de la cage de fer, pour avoir, dans un mémoire présenté au parlement, mal parlé des abus qui désolaient la France. Le seul aspect de cet odieux monument du despotisme, excita dans le cœur des généreux enfans d'Orléans, la plus violente indignation ; ils en demandèrent aussitôt la destruction au gouverneur du Mont-St-Michel, qui céda à leurs justes désirs, et la cage de fer fut mise en pièces au milieu des cris de joie des enfans et des bénédictions des prisonniers.

Le 1er janvier 1789, le duc de Chartres fut nommé chevalier des ordres du Saint-Esprit, un an plus tard que ne le sont ordinairement les princes du sang. Ce retard fut occasionné par l'absence de M. le duc d'Orléans, son père, que la Cour avait exilé pour sa courageuse protestation au parlement de Paris, le 19 novembre 1787.

A dix-sept ans, l'éducation du jeune prince se trouvant terminée, on forma sa maison, et dès-lors il put vivre dans la plus entière indépendance. Mais telle était sa raison, son goût pour l'étude et son attachement pour Mme de Genlis, que tous les jours, jusqu'à l'âge de 18 ans, il continua d'aller prendre des leçons auprès d'elle avec ses frères ; conduite admirable dans un jeune homme qui commençait à être son maître. L'extrait suivant de sa correspondance avec cette Dame, montrera mieux que tout ce que nous pourrions dire, les fruits que le bon cœur du duc de Chartres avait su tirer de son éducation. C'est la révélation d'un secret que la délicatesse de l'élève imposait à sa gouvernante : mais celle-ci l'ayant divulgué, on nous saura le même gré de notre indiscrétion.

« Je me priverai, écrit le prince cha-
« ritable, de mes menus plaisirs jusqu'à
« la fin de mon éducation, c'est-à-dire,
« jusqu'au 1.er avril 1790, et j'en consa-
« crerai l'argent à la bienfaisance. Tous
« les premiers du mois, nous en réglerons
« l'emploi ; je vous prie d'en recevoir ma
« parole d'honneur la plus sacrée. Je pré-
« férerais que ceci ne fût que de vous à
« moi ; mais vous savez bien que tous
« mes secrets sont et seront toujours les
« vôtres. »

Nos lecteurs verront encore avec plaisir l'esquisse que Mme de Genlis traçait alors de l'aîné de ses élèves ; c'est en quelque sorte le résumé de son éducation.

« Le caractère de M. le duc de Chartres
« gagne prodigieusement ; il était né bon,
« mais il devient éclairé et vertueux. Il
« n'a rien de la frivolité de son âge ; il
« dédaigne sincèrement les puérilités qui
« occupent tant de jeunes gens, les airs,
« la parure, les bijoux, les colifichets de
« tous genres, la fureur de suivre le pre-
« mier les modes nouvelles. Il n'a aucun
« attachement à l'argent ; il est désinté-
« ressé, ennemi du faste, et par consé-
« quent très-noble ; enfin, il a un excel-
« lent cœur. »

Les trois autres élèves de Mme de Genlis se montrèrent également dignes de ses soins. M. le duc de Montpensier avait un caractère ardent, romanesque, passionné pour la littérature et les arts, qu'il promettait de cultiver avec le plus grand succès. Les mémoires qu'il a composés durant sa longue captivité, sont un véritable modèle en ce genre, et font encore mieux regretter sa mort prématurée.

Le comte de Beaujolais qui, comme lui, fut ravi si jeune à l'amour de sa famille, était, dit Mme de Genlis, charmant de figure, d'esprit et de caractère. Ses défauts mêmes étaient aimables, chose qu'il ne faut pas dire aux enfans, mais qu'il était impossible de ne pas reconnaître en lui : on lui trouvait aussi beaucoup de ressemblance avec Henri IV. Il partagea la dure captivité de son frère, montra dans les fers le même courage, et ne lui survécut que peu de temps.

Quant à Mlle d'Orléans que nous avons encore le bonheur de posséder, elle annonçait déjà cette supériorité d'esprit et cette fermeté de caractère, qui, jointes à une grande bonté naturelle, en font une Princesse accomplie et la digne sœur du Roi des Français.

Qu'on nous pardonne d'être entrés, sur l'éducation de cette royale famille, dans des détails qui peuvent paraître puérils. Mais rien n'est à dédaigner dans l'enfance; c'est, comme on l'a dit, tout l'homme. On aime à y trouver le germe des grandes qualités qui doivent produire le héros, le roi père du peuple, le poète ou le savant. Ces naïfs détails servent aussi à tempérer la gravité de l'histoire, et c'est surtout à leur narration ingénue que s'attache l'intérêt qu'inspirent les *vies des grands hommes de Plutarque*.

Ainsi les premières années de Louis-Philippe promettaient un digne héritier du bon Henri. Élevé comme lui en enfant du peuple, accoutumé aussi à braver la fatigue et les injures du temps, il devait bientôt montrer le même courage dans des circonstances plus difficiles encore. Henri IV, en effet, fut toujours roi, ou du moins, put toujours agir en roi. A l'âge de 15 ans, l'intrépide Jeanne d'Albret, sa mère, le montrait déjà aux protestans comme le successeur du prince de Condé, si traîtreusement égorgé à Jarnac. Dès-lors, jusqu'à son arrivée dans la capitale, il ne cessa d'être chef de parti ; et si, comme tel, sa vie aventureuse fut semée de grands périls, du moins elle se passa toujours au milieu des camps, là où la bravoure rachète tant de fautes, où les revers même peuvent avoir leur éclat, où la mort est si glorieuse. C'est un tout autre spectacle que va nous offrir le Prince dont nous écrivons l'histoire. Nourri aussi pour les armes, nous le verrons débuter dans la carrière militaire avec toute la vivacité d'un jeune courage, jointe au sang-froid d'un chef expérimenté. Les champs de Valmy et de Jemmappes sont à jamais là pour rendre hommage à ses vertus guerrières. Cependant l'amour dont il brûle pour la patrie, les services signalés qu'il venait de lui rendre, ne purent l'arracher aux proscriptions du gouvernement qui pesait alors sur elle ; et le voilà contraint d'aller chercher un asyle dans les rangs des adversaires qu'il combattait tout à l'heure. Là, n'écoutant que sa vengeance et les préjugés de son rang, il eût pu continuer à porter les armes sans déshonneur, et même avec quelque apparence de justice, aux yeux de ceux qui ne jugent les actions des hommes que par des motifs d'intérêt personnel ; et ce nombre est toujours le plus grand. Mais il eût fallu se joindre aux ennemis de son pays, faire la guerre à cette France qui, malgré les persécutions qu'il éprouvait, lui était toujours si chère. Dès-lors, il n'hésite pas un seul instant, et déposant les armes, il va se résigner dans l'exil aux modestes vertus et aux malheurs vulgaires d'une condition privée, avec une grandeur d'ame et un désintéressement qu'on ne saurait trop admirer.

CHAPITRE III.

Révolution française; sa nécessité. M. le Duc de Chartres en embrasse la cause, suit les débats de l'assemblée nationale et voit tomber la Bastille. — Le droit d'aînesse est aboli, il en témoigne à son frère toute sa joie. Il va rejoindre son régiment à Vendôme, et sauve dans cette ville la vie à deux personnes. Il prête serment à la constitution de 1791. — Émigration de la plupart des officiers; ses suites funestes.

M. le duc de Chartres n'avait pas encore achevé son éducation, que la revolution avait déjà éclaté. Nous ne remonterons pas aux causes de ce grand événement; ou plutôt, nous n'en reconnaissons qu'une seule, la nécessité. Oui, la révolution fut nécessaire et par conséquent inévitable. Avant qu'elle agît si puissamment sur les masses, le progrès des lumières, la marche imprimée à l'esprit humain par les généreux écrivains du 18e siècle, l'avaient opérée dans les individus. Il ne fallait qu'une étincelle pour allumer le vaste incendie par qui peuples et rois devaient subir une purification salutaire. Ainsi l'embarras des finances, la résistance des parlemens, la convocation des états-généraux, l'influence de tel ou tel personnage, ne furent que des causes accessoires de la catastrophe, des expressions plus ou moins vives de la pensée qui remplissait alors toutes les intelligences. Nous n'en voulons pour preuve que l'enthousiasme avec lequel toutes les classes de la société accueillirent les premiers événemens de la révolution, enthousiasme auquel ne peut se comparer rien de ce qu'on a vu depuis, et dont le seul souvenir fait encore tressaillir le cœur des vieillards. Qu'on se reporte en effet par la pensée au déplorable état de la société française avant 1789, et qu'on juge si un changement quelconque apporté dans son organisation ne devait pas être considéré comme le plus grand des bienfaits. La France était alors séparée en deux classes bien distinctes, celle des maîtres et celle des esclaves ; la première peu nombreuse, formée seulement du clergé et de la noblesse, propriétaire née du sol, exerçant le monopole de tous les emplois, et cependant exempte d'impôts et de toute participation aux charges publiques, tandis que la seconde, c'est-à-dire, la nation presque tout entière, devouée en naissant au travail, à la corvée, aux contributions de toute espèce, ne recueillait de ses sacrifices et de ses sueurs que la misère et l'humiliation. La révolution seule a mis un terme à un état de choses contre nature, bien qu'elle n'ait tenu encore qu'une partie de ses promesses. L'égalité de tous les citoyens devant la loi, leur aptitude à tous les emplois civils et militaires, la juste répartition de l'impôt, le droit de le voter, la liberté individuelle, la liberté de la presse, l'uniformité des lois, une représentation nationale établie pour faire respecter les franchises du peuple, la division des propriétés, et de là une industrie toujours croissante, un bien-être répandu jusque dans la cabane du pauvre, voilà les heureux fruits des changements opérés en 1789; voilà ce que la nation a reconquis alors au prix du plus pur de son sang, ce qu'elle est résolue de conserver, ce qu'elle vient de défendre encore d'une manière si glorieuse contre les insensés qui voulaient le lui ravir.

Elevé comme nous l'avons vu, M. le

duc de Chartres, de même que tous les esprits généreux de cette époque, salua, plein d'enthousiasme, la brillante aurore du nouveau jour qui allait luire sur la France. Les intérêts du rang et de la naissance, auxquels tant de gentillâtres sacrifièrent alors jusqu'à leur patrie, cédèrent dans un prince du sang à l'immense intérêt général; et ce fut avec tout le dévouement de son âge, toute la franchise de son caractère, qu'il embrassa la sainte cause de la révolution. On le voyait assidu aux débats de notre première assemblée nationale, si féconde en grands talens et qui proclama les principes trop promptement oubliés d'une liberté non moins ennemie de la licence que du despotisme. Alors les Mirabeau, les Barnave, les Maury, les Cazalès occupaient la tribune, et dans leurs luttes éloquentes faisaient revivre les jours de la Grèce et de Rome. Ces discours portaient dans l'esprit du jeune prince de nouvelles lumières, en même temps qu'ils enflammaient son cœur du plus ardent patriotisme. Ce fut à cette époque que M. le duc d'Orléans le fit recevoir dans une société fameuse qui depuis..... mais alors elle ne comptait dans son sein que des hommes distingués par leurs vertus aussi bien que par leurs talens, et qui ne séparaient point la cause de l'ordre de celle de la liberté.

Bientôt la Bastille tomba aux acclamations de la France entière ; Mme de Genlis, qui avait encore tous ses élèves, les conduisit au jardin Beaumarchais, pour les rendre témoins de ce grand acte de la justice du peuple. « Il est impossible, dit-elle, de se
« faire une idée de ce spectacle ; il faut
« l'avoir vu ; ce redoutable fort était couvert
« d'hommes, de femmes et d'enfans, tra-
« vaillant avec une ardeur inouie et jusque
« sur les parties les plus élevées du bâtiment
« et de ses tours. Ce nombre infini d'ou-
« vriers volontaires, leur activité, leur
« enthousiasme, le plaisir de voir tomber
« ce monument affreux du despotisme, en
« mains vengeresses qui semblaient celles
« de la providence, et qui anéantissaient
« avec tant de rapidité l'ouvrage de plu-
« sieurs siècles ; tout ce spectacle parlait également à l'imagination et au cœur. »

Quelle leçon pour les rois qu'un tel spectacle ! Heureux le peuple gouverné par un prince qui n'en a pas été l'inutile témoin !

Vers le même temps, l'assemblée nationale proclama l'abolition du droit d'aînesse, privilége absurde, inhumain, qui déshonore encore la législation de la plupart des peuples de l'Europe, et que le dernier gouvernement a vainement tenté de ressusciter parmi nous. A la première nouvelle de cette utile réforme, M. le duc de Chartres, n'écoutant que l'amitié fraternelle, saute au cou du duc de Montpensier, et s'écrie, en l'embrassant : *Ah! que cela me fait plaisir!* Il faut dire, à l'honneur de l'humanité, que de pareils traits ne furent pas rares à cette époque; la seule menace du retour du droit d'aînesse en a renouvelé parmi nous de plus nombreux exemples encore. Le jeune prince se résigna avec la même générosité au sacrifice de tous les priviléges qu'il tenait de sa naissance, résolu de ne désormais rien devoir qu'à son propre mérite.

Un autre décret de l'assemblée nationale obligea les colonels *propriétaires de leurs corps* d'en prendre le commandement, ou de quitter le service militaire; remédiant ainsi à l'un des plus inconcevables abus de l'ancien régime. Car il est bon de rappeler, pour l'intelligence de ce décret qui pourrait paraître inexplicable à la plupart de nos lecteurs, qu'alors le commandement d'un corps n'était point le prix de la capacité et des services rendus à la patrie ; on ne l'accordait qu'à la naissance ou à l'argent: ainsi tel enfant naissait colonel; on achetait pour tel autre un régiment à beaux deniers comptans; il devenait réellement ainsi *propriétaire* de son corps. Les autres grades appartenaient également de droit à la noblesse, il en était de même des décorations militaires. Tout ce qu'un brave soldat plébéïen pouvait obtenir de plus brillant, après les services les plus signalés, était le **titre** ***d'officier de fortune,*** que ses nobles camarades étaient loin de regarder **comme un** titre de gloire.

On ne conçoit pas maintenant ce qu'on pouvait opposer de raisonnable aux dispositions du décret de l'assemblée nationale; mais telle est la force des préjugés **que la** plupart des colonels aimèrent mieux donner leur démission que d'y obéir. Qu'on juge par ce seul fait des résistances que rencontrèrent les plus sages améliorations; résistances fatales et qui bientôt amenèrent de coupables excès! M. le duc de Chartres n'écouta dans cette circonstance, comme en toutes les autres, que la voix du devoir; et s'éloignant, quoique à regret, du grand spectacle qu'offrait alors la capitale, il alla prendre, dans la petite ville de Vendôme, le commandement du 14e régiment de dragons, qui portait son nom. Il arriva dans cette ville le 15 juin 1791, accompagné de M. Pieyre, l'estimable auteur de *l'École des pères*, dont les lettres déplorent la perte récente.

Là, dirigé par ce maître habile, le jeune colonel poursuivit le cours de ses études, y consacrant les instans que les autres officiers perdaient dans de folles dissipations. Mais il donna surtout ses soins à l'instruction de son régiment. Strict observateur de la discipline militaire, il sut, joignant à propos la douceur à la fermeté, la faire respecter aussi par des soldats dont il était l'idole. La contenance de ce beau corps préserva Vendôme des excès qui souillèrent alors la plupart des villes de France. Le duc de Chartes lui-même ne craignait pas d'exposer sa vie pour le maintien des lois, dont les soldats ne doivent être que les défenseurs armés. Il en donna la preuve dans une circonstance remarquable. La constitution de 1791 venait d'être proclamée ; un grand nombre de prêtres, par un motif de conscience que ce n'est pas ici le lieu d'examiner, crut devoir se refuser au serment exigé par elle. Ce refus exaspérait les populations contre eux. A Vendôme, l'un de ces malheureux étant tombé entre les mains d'une troupe de furieux, allait être mis en pièces lorsque le prince se jeta l'épée à la main au milieu de la multitude, et, bravant tous les coups, parvint à lui arracher sa proie.

Quelque temps après, il sauva encore les jours à un ingénieur, que les eaux du Loir allaient engloutir ; témoin de cet accident et cédant au premier mouvement de son cœur, le duc de Chartres se précipita aussitôt dans la rivière, et ramena heureusement le noyé à bord. C'est ainsi qu'il fit le plus bel usage de l'art si utile de nager trop négligé encore parmi nous. Touchée d'un tel acte de dévouement, la ville de Vendôme reconnaissante décerna au jeune prince une couronne civique ; récompense digne des temps antiques, dont au milieu de ses fureurs, cette époque retraça souvent les plus beaux souvenirs. C'était, comme on le sait, le prix le plus glorieux auquel pussent aspirer les Romains ; il n'était accordé qu'au citoyen qui, au péril de sa vie, avait sauvé la vie d'un autre citoyen.

La constitution nouvelle obligeait les militaires, comme tous les autres citoyens, au serment de fidélité à la nation, à la loi et au roi. M. le duc de Chartres s'empressa de le prêter, croyant par là satisfaire au vœu national aussi bien qu'aux intentions du monarque qui avait librement sanctionné la constitution. Sur vingt-cinq officiers de son régiment, sept seulement suivirent ce patriotique exemple. Le colonel néanmoins par l'ascendant de son nom et de son caractère, et plus encore par l'affection que lui portaient les soldats, parvint à maintenir parmi eux la discipline dont la retraite d'un si grand nombre d'officiers relâchait les liens dans tous les corps. Les dragons de Chartres obéirent à leurs nouveaux chefs et la désertion ne se mit point dans leurs rangs. Seuls, les nobles officiers réfractaires, infidèles à la patrie, allèrent offrir aux ennemis de la France le secours de leur parricide épée, cédant à la funeste manie d'émigration qui livra, sans appui, le trône qu'ils prétendaient défendre aux fureurs du parti populaire. On a dit, pour excuser l'émigration, que l'honneur la commandait impérieusement; singulier honneur que celui qui autorise un citoyen à porter les armes contre sa patrie! Non! il ne peut y avoir d'honneur dans un tel procédé! Les hommes généreux dédaignent la coupable vengeance des Thémistocle et des Coriolan; proscrits, ils savent se résigner au magnanime exil des Aristide et des Scipion. Aussi sommes-nous loin de blâmer ceux que d'iniques persécutions forcèrent à chercher un asyle sur la terre étrangère. M. le duc de Chartres lui-même dut subir cette cruelle nécessité! Quant aux français qui, de gaîté de cœur et pour obéir à leur faux point d'honneur, soulevèrent l'Europe armée contre leur patrie, l'histoire doit flétrir leur fuite de sa juste réprobation. Ne craignons pas de le dire, ils ne purent imputer qu'à eux-mêmes les abominables lois de sang et de confiscation qui furent ensuite portées contre eux. Leur conduite, depuis le retour des Bourbons, a d'ailleurs assez prouvé qu'en émigrant, la plupart avaient cédé à des vues d'intérêt personnel, à l'espoir de recouvrer d'odieuses prérogatives, plutôt qu'à un dévouement réel pour la monarchie. Les véritables héros du royalisme combattaient dans les champs de la Vendée; c'étaient de simples paysans, de bons gentilshommes de campagne qui, se voyant froissés dans leurs habitudes et leur religion, crurent pouvoir résister à force ouverte à un gouvernement tyrannique et sanguinaire; mais ceux-là auraient rougi de mendier l'assistance étrangère, et de confier à d'autres bras qu'aux leurs la défense de ce qu'ils regardaient comme le bon droit.

CHAPITRE IV.

Congrès de Pilnitz. — La France déclare la guerre à l'Autriche.—M. le duc de Chartres fait ses premières armes. —Affaire de Quiévrain. —Le 10 août. —Manifeste du duc de Brunswick.

Une révolution qui tendait à rétablir les peuples dans l'exercice de leurs droits, ne pouvait que déplaire aux souverains qui, de temps immémorial, avaient foulé aux pieds ces mêmes droits. Leur ressentiment se trouvait d'ailleurs continuellement excité par les émigrés qui, de tous les points de la France accourant dans leurs états, leur présentaient comme facile la conquête d'un royaume divisé. Les propres frères du roi de France et les princes de la maison de Condé avaient les premiers donné le fatal exemple de l'émigration ; cependant les souverains de l'Europe se laissèrent entraîner à la guerre, moins dans le but vainement proclamé de sauver Louis XVI que par des vues personnelles d'agrandissement et de récrimination.

On voulait châtier, une bonne fois pour toutes, le peuple qui, le premier, avait osé déployer aux yeux des rois l'étendard de la liberté; on espérait aussi arracher à la France la Flandre, l'Alsace et la Franche-Comté, ces belles provinces que Louis XIV lui avait rendues, et dont la Prusse et l'Autriche s'accommoderaient si bien. Aussi l'empereur d'Allemagne, Léopold, et Frédéric-Guillaume, roi de Prusse, furent-ils les premiers souverains qui se liguèrent contre nous. Cette coalition fut arrêtée entre eux à Pilnitz, le 27 août 1791. Là, voilant d'un vain prétexte leurs véritables intentions, ils déclarèrent qu'ils ne prenaient les armes que pour rétablir l'ordre en France, et promirent de les déposer lorsque Louis XVI aurait ressaisi les rênes du gouvernement et surmonté les factions qui lui disputaient son autorité. Misérables ambitieux qui feignaient de ne pas voir qu'en donnant à ce prince pour auxiliaires les ennemis de la France, c'était violemment anticiper sa chute! Louis XVI, au reste, signifia lui-même son démenti formel à cette intervention intéressée ; il désavoua également l'émigration ; mais la secrète volonté de ce monarque n'étant pas toujours d'accord avec les actes qu'il proclamait, ses protestations n'arrêtèrent pas plus la fuite des émigrés que les projets des souverains coalisés.

La mort de Léopold en suspendit un instant l'exécution ; mais le gouvernement français, ayant vainement demandé à François II, son successeur, des explications sur les armemens immenses qu'il continuait, prit courageusement l'initiative. Le 20 avril 1792, sur la proposition même de Louis XVI, l'assemblée nationale décréta la guerre contre l'Autriche. Cette déclaration ne fit que resserrer encore l'alliance de l'empereur et du roi de Prusse. Ces deux souverains avaient déjà mis sur pied des forces considérables ; ils en augmentent encore le nombre, les réunissent, les concentrent, les rapprochent de nos frontières, que leurs armées se préparent à franchir par trois points à la fois, la Flandre, l'Alsace et la Lorraine.

L'armée française montait à peine à cent

mille hommes, dans l'état d'indiscipline le plus déplorable. L'émigration lui avait enlevé la plupart de ses officiers et rendu les autres suspects; toute confiance était perdue entre les chefs et les soldats, confiance si nécessaire parmi nous au succès des opérations militaires. La cavalerie était faible, et souffrait plus encore que l'infanterie de la retraite de ses officiers. Aucun préparatif n'était fait, aucun service organisé. C'est cependant avec une telle armée que la France allait braver cette belle cavalerie autrichienne, et cette redoutable infanterie de Prusse que le grand Frédéric avait rendue la meilleure de l'Europe. Mais la France comptait avec raison sur le patriotisme et l'énergie de ses enfans. Bientôt les mots magiques de liberté, d'indépendance nationale, vont enflammer toutes les têtes, exalter tous les courages ; aux chants belliqueux de la Marseillaise, des milliers de volontaires se précipiteront vers les frontières, et de leur sein sortira cette foule de braves soldats et de grands capitaines qui, durant trente ans, firent la terreur et l'admiration de l'Europe.

Aux trois armées de la coalition, la France opposa trois armées bien inférieures en nombre, mais commandées par les guerriers qu'elle regardait comme ses meilleurs généraux, les maréchaux Luckner et Rochambeau et le général Lafayette. Le premier fut envoyé en Alsace, Rochambeau, en Flandre, et Lafayette en Lorraine, près de Metz. Le général Dumouriez était alors ministre de la guerre ; homme d'un génie actif, entreprenant, et qui proposa sur le champ de prendre l'offensive par une invasion en Belgique. Rochambeau fut chargé de cette expédition ; il avait sous ses ordres le général Biron commandant le camp retranché de Famars, qui défendait les approches de Valenciennes. Le régiment de M. le duc de Chartres était alors dans cette ville ; le prince, en sa qualité de colonel le plus ancien de la garnison, y remplissait même les fonctions de commandant de place, et savait, comme à Vendôme, se concilier l'affection des habitans et des soldats. Son régiment se trouva appelé à faire partie de la brigade du duc de Biron, et c'est sous ce général que M.

le duc de Chartres fit ses premières armes.

Les débuts de la campagne ne furent pas heureux. Biron s'était d'abord emparé de Quiévrain avec six bataillons et six escadrons, mais Dumouriez, craignant qu'il ne fût accablé par des forces supérieures, lui donna l'ordre de rétrograder jusqu'au village de Boussu. Tout à coup une terreur panique s'empare de nos soldats: les cris de *nous sommes trahis ! sauve qui peut !* se font entendre, et Biron est obligé d'ordonner la retraite. Le général Beaulieu, commandant en chef de l'armée autrichienne, profite de ce désordre, et, se mettant à notre poursuite, change la retraite en une véritable déroute. C'est en vain que le duc de Chartres fait tous ses efforts pour arrêter les fuyards ; la peur les livre sans défense aux coups de l'ennemi, et ce petit corps d'armée eût été entièrement détruit, si le maréchal Rochambeau, suivi de quelques troupes, ne fût arrivé à propos pour le secourir.

Tel fut souvent, dans ces premières actions, le triste résultat de la démoralisation de notre armée. Les anciens chefs avaient per du la confiance des soldats; les nouveaux n'avaient pu encore la gagner. On ne parlait que de trahison; des régimens entiers, parmi lesquels on cite Royal-Allemand et les hussards de Saxe, composés, il est vrai, en grande partie d'étrangers, passaient à l'ennemi, leur colonel et les officiers en tête. Exaspérés par de si funestes exemples, et ne sachant plus à qui se fier, les soldats, sur le moindre soupçon, se portaient aux derniers excès contre leurs chefs; c'est ainsi que le brave général Dillon, forcé à la retraite et déjà blessé, fut mis impitoyablement à mort par ses propres troupes qui lui attribuèrent le mauvais succès de leurs armes.

D'un autre côté, les généraux n'inspiraient pas plus de confiance à un gouvernement inquiet, divisé et entouré d'ennemis. On entravait sans cesse leurs opérations; on leur imputait à trahison les défaites; on les destituait sur le plus léger prétexte; dans la suite plusieurs même expièrent sur l'échafaud les revers de la fortune. Dans un tel état de choses, il fallait plus que de l'ambition, mais un véritable patriotisme pour rester à la tête d'une armée. Aussi beaucoup d'officiers supérieurs aimaient-ils mieux donner leur démission. C'est ce que fit le maréchal de Rochambeau, malgré toutes les représentations de Lafayette, son compagnon d'armes en Amérique. Le vieux Luckner le remplaça dans le commandement général de l'armée du Nord. Vers le même temps (mai 1792), le duc de Chartres fut nommé maréchal de camp par rang d'ancienneté, avec le colonel Berthier, qui depuis joua un si grand rôle dans les guerres de la république et de l'empire. Le prince, en cette qualité, commanda une brigade de cavalerie, composée des 14.e et 17.e régimens de dragons, sous les ordres de Luckner. Celui-ci, de concert avec Lafayette, résolut de tenter une nouvelle invasion en Belgique ; en conséquence, il se rendit au camp de la Madeleine, près de Lille, dans le dessein de se porter sur Courtray, tandis que, de son côté, Lafayette allait occuper le camp retranché de Maubeuge.

Luckner mit ses troupes en mouvement vers le milieu du mois de juin ; le duc de

Chartres était à l'avant-garde avec sa brigade. Il combattit devant Courtray avec sa valeur accoutumée, et entra dans cette ville. Mais l'armée autrichienne ayant reçu des renforts, Luckner se vit obligé d'évacuer Courtray pour secourir la frontière menacée par la grande armée coalisée, qui, sous les ordres du duc de Brunswick, s'avançait à grands pas vers le Rhin. Il partagea alors ses troupes en deux corps, l'un qu'il laissa en Flandre avec Lafayette, l'autre qu'il envoya en Lorraine, sous les ordres du général d'Harville. Le duc de Chartres faisait partie de cette dernière division, dont Luckner vint lui-même prendre le commandement.

Tandis que l'armée se préparait ainsi à sauver notre indépendance, la France restait en proie aux factions, et le 20 juin et le 10 août frappaient de stupeur les véritables amis de la liberté. Ces sanglantes journées excitaient dans les troupes la plus vive indignation ; l'honneur, comme on l'a fort bien dit, s'était réfugié dans les camps. Plusieurs officiers même, désespérant de la chose publique, envoyèrent leur démission. Nous devons citer entr'autres M. Rouget de Lille, l'auteur de la Marseillaise, alors officier du génie à l'armée du Rhin. D'autres protestèrent de la manière la plus énergique contre de pareils attentats ; le duc de Chartres unit sa voix courageuse à celle de ces derniers. Les généreux sentimens de l'armée étaient si bien connus, que, peu de temps avant le 10 août, Lafayette offrit à Louis XVI de le conduire au milieu de ses troupes, et de l'y placer sous leur sauve-grade : mesure hardie et qui eût certainement prévenu de grands malheurs. Mais Louis XVI, dans sa défiance ordinaire contre la nation, et plus encore, d'après une lettre que le duc de Brunswick lui écrivit de Coblentz, refusa de partir. Bientôt après Lafayette lui-même devint suspect à la Convention, et, forcé de quitter la France, alla expier dans les cachots d'Olmutz son dévouement à la monarchie constitutionnelle.

La situation de la France était des plus critiques. La Prusse avait achevé ses préparatifs et réuni ses forces à celles déjà si imposantes de l'Autriche. Une armée de cent cinquante mille hommes s'avançait sur toute la ligne de nos frontières, depuis Dunkerque jusqu'à la Suisse. A cette masse formidable de troupes s'étaient joints vingt mille émigrés, parmi lesquels on comptait six mille hommes de cavalerie. Ils étaient commandés par les propres frères du Roi, ayant sous leurs ordres le prince de Condé et les maréchaux de Broglie et de Castries. Le duc de Brunswick, qui passait pour le premier capitaine de l'Europe, commandait en chef les forces combinées. Tout semblait favoriser le succès de son invasion, la faiblesse et la division de notre gouvernement, l'horreur de la grande majorité des Français pour les nouveaux excès commis, l'esprit même de nos troupes, plus encore que la terreur de ses armes. Aussi les souverains alliés devaient-ils avant tout prendre soin de persuader à la France qu'ils venaient, non comme conquérans, mais comme amis, si toutefois, et sous quelque prétexte que ce soit, il peut jamais être permis à des étrangers d'intervenir à

main armée dans les affaires d'une nation. Mais telle était la téméraire confiance de la coalition, qu'elle ne songea pas même à dissimuler son véritable but. Au lieu de nous présenter l'olivier de la paix, c'est avec des paroles de guerre et d'extermination que le duc de Brunswick osa nous aborder. « Il venait, disait-il,
« dans son insolent manifeste, les armes à
« la main, relever le trône et l'autel, et
« détruire l'anarchie ; » et il ajoutait :
« que les alliés puniraient comme rebelles
« tous les Français, sans distinction, qui
« combattraient les armées étrangères ;
« qu'ils seraient individuellement respon-
« sables, s'ils ne s'opposaient pas aux at-
« tentats des révolutionnaires contre le
« roi et sa famille ; que toutes les auto-
« rités constituées, tous les citoyens, se-
« raient punis de mort, et tous les villages
« frappés d'exécution militaire et de pil-
« lage, en cas de résistance et de dé-
« sordre. »

Qu'on juge de l'effet que produisit un tel manifeste sur un peuple naissant à la liberté ! Un cri de vengeance et d'indignation l'accueillit partout. L'élan était donné, et le manifeste du duc de Brunswick acheva ce qu'avait commencé la déclaration du congrès de Pilnitz. La population tout entière se précipita aux armes; l'amour sacré de la patrie enfanta des prodiges, toutes les nuances d'opinions disparurent devant le besoin de la défense commune. Bientôt les cadres de quatorze armées purent à peine suffire au nombre des volontaires qui accouraient remplir leurs rangs. On se rallia franchement à un gouvernement qui, tout mauvais qu'il était, offrait du moins en perspective l'indépendance de la patrie; et la France cachant sous le bouclier ses cicatrices intérieures, engagea fièrement, seule, contre l'Europe entière, cette glorieuse lutte de vingt-cinq années où, déchirée de mille blessures, trahie par ses propres enfans, elle devait cependant arborer le glorieux étendard tricolore dans toutes les capitales de l'Europe.

CHAPITRE V.

Invasion des Prussiens.—Le duc de Chartres est nommé lieutenant-général; il refuse le commandement de la place de Strasbourg et demande à rester dans l'armée active, sous les ordres de Kellermann.—Batailles de Valmy et de Jemmapes. — Conquête de la Belgique. — Le prince se distingue dans cette glorieuse campagne.

La France n'avait d'abord à opposer aux forces de la coalition que deux faibles armées, l'une de quatorze à quinze mille hommes, campée près de Metz, sous les ordres de Kellermann, qui venait de remplacer Lukner; et l'autre de trente-trois mille hommes, qui occupait les environs de Sedan, commandée par Dumouriez, auquel Lafayette avait dû céder le titre de général en chef de l'armée du Nord.

Les Prussiens, forts de plus de quatre-vingt mille hommes, commandés par le duc de Brunswick et leur roi Frédéric-Guillaume, franchirent sans opposition les frontières, et se répandirent dans les plaines de la Champagne. Déjà ils s'étaient emparés de Longwy, et menaçaient Verdun, que les

habitans, craignant les horreurs d'un siége, ne cherchèrent pas même à défendre. On sait quelle cruelle vengeance tira ensuite la Convention des jeunes filles de cette ville qui étaient allées offrir des fleurs au roi de Prusse. Trop faible pour résister aux forces de l'ennemi, Kellermann se retirait successivement à Metz, à Pont-à-Mousson, à Toul, et à Bar-le-Duc. Le duc de Chartres accompagna l'armée dans cette retraite, et ne cessa de commander sa brigade de cavalerie pendant ces longues et pénibles marches qui éteignaient l'ardeur de nos troupes en même temps qu'elles ajoutaient à la confiance des Prussiens. Il fit plus; promu au grade de lieutenant-général et appelé au commandement de la place de Strasbourg, il préféra généreusement rester sous les ordres de Kellermann, dans l'armée dont il partageait les fatigues et les privations : « Je suis trop jeune, écri-
« vait-il à la Convention, pour m'enfermer
« dans cette place, et je demande à servir
« toujours dans l'armée active. » Quelque temps après, il refusa également le commandement en second des troupes de nouvelle

levée, que le général Labourdonnaie réunissait à Douay.

Cependant les Prussiens, après avoir enlevé à Dumouriez les défilés de l'Argonne, ces *Thermopyles de la France*, comme ce général les appelait lui-même, continuaient leur marche victorieuse sur la capitale. Informé de leurs progrès, Kellermann, dont les troupes renforcées par une division de l'armée du Rhin, s'élevaient alors à vingt-sept mille hommes, prend la résolution hardie de les arrêter. Il quitte Metz, vole au secours de la Champagne, établit ses communications avec l'armée de Dumouriez, acculée près de Sainte-Menehould, prend position sur les hauteurs de Valmy, et s'apprête à combattre l'ennemi.

Le lendemain, 20 septembre 1792, se livra cette fameuse bataille qui, en rendant à nos troupes une juste confiance dans la victoire, décida en quelque sorte des destinées de la France. Dumouriez avait toujours son quartier-général à Sainte-Menehould. Kellermann avait établi le sien à Dampierre-sur-Auve, en l'appuyant sur sa

droite qui s'étendait sur les hauteurs de Valmy. Le duc de Chartres commandait la seconde ligne, et devait défendre le moulin placé devant le village, où pendant long-temps se dirigèrent tous les efforts de l'ennemi. L'avant-garde était à la droite de Valmy, au village de Kens, où commença le combat. Trop inférieurs en nombre, nos soldats se retirent d'abord en bon ordre sur le gros de l'armée ; Kellermann les fait aussitôt soutenir par sa réserve, que commandait le général Valence, et par des renforts que lui envoie Dumouriez. Le combat s'engage alors sur toute la ligne avec acharnement. Emporté par sa valeur, Kellermann s'avance imprudemment et un cheval est tué sous lui. A cet aspect, nos troupes, formées pour la plupart de nouvelles recrues, prennent l'alarme et le désordre se met dans leurs rangs. L'ennemi redouble ses efforts et les charge avec impétuosité. Mais Kellermann, conservant toute son intrépidité, rassure ses soldats par cette courte harangue : « Camarades, le moment de la vic-
« toire est arrivé, laissons avancer l'ennemi
« sans tirer un seul coup, et chargeons-le à

« la baïonnette ! » Puis agitant son chapeau à la pointe de son épée : « Vive la na-
« tion ! s'écrie-t-il d'une voix forte ; al-
« lons vaincre pour elle ! » Ce cri et ces paroles électrisent tous les cœurs, rendent le courage aux plus timides. « Vive la na-
« tion ! la victoire est à nous ! » répètent les soldats avec leur général ; et, s'élançant en même temps sur les Prussiens, ils font le premier usage de cette terrible arme de la baïonnette, à laquelle nos armées doivent tant de succès. L'ennemi ne peut soutenir cette attaque subite, et le duc de Brunswick se voit obligé de donner le signal de la retraite. En vain, le général autrichien Clairfait, à la tête de troupes fraîches, ranime le combat. Il est reçu avec les mêmes acclamations et la même vigueur. Vingt-quatre pièces de position, placées au moulin de Valmy, achèvent de rendre tous ses efforts inutiles. C'est en vain qu'il concentre toutes ses forces sur ce point important ; le duc de Chartres ne perd pas un pouce de terrain ; et faisant prendre à son tour l'offensive à ses troupes, il force enfin l'ennemi à la fuite. Il

contribua ainsi puissamment au succès du combat, et le général en chef se plut à rendre hommage à son courage et à son sang-froid. Le champ de bataille nous resta, et cette première victoire fut comme le signal de celles qui devaient porter si loin la gloire et la terreur du nom français. Plus tard, Napoléon, en conférant à Kellermann le titre de duc de Valmy, voulut par cette honorable distinction, consacrer à jamais dans la famille de ce général, le service éminent qu'il avait rendu à la patrie.

La retraite des Prussiens suivit immédiatement cette victoire ; harcelée par nos troupes, ravagée par une affreuse dyssenterie, cette formidable armée n'était plus que l'ombre d'elle-même, et laissa la plupart de ses soldats dans les champs qu'elle venait d'envahir. On assure même que Dumouriez l'eût exterminée tout entière, s'il eût déployé dans sa poursuite son activité accoutumée. Mais il céda dans cette circonstance soit à des ordres secrets de Louis XVI, soit à des motifs politiques qui se rattachaient à ses projets ultérieurs. Quoi qu'il en soit, il laissa et abandonna à Kellermann le soin de suivre avec un très-petit nombre de troupes, l'ennemi jusqu'aux frontières, et ne parut plus occupé que de l'exécution de son plan favori, l'invasion de la Belgique. Il se trouvait alors à la tête d'une armée de cent mille hommes pleins d'enthousiasme et de courage. Il la partagea en quatre corps ; le premier, sous les ordres du général Valence et formant la gauche de toute la ligne, prit position près de Namur ; le second, fort de douze mille hommes, commandé par d'Harville, fut placé en avant de Maubeuge, pour tenir en échec les Autrichiens, campés près de Luxembourg, le troisième, aux ordres de Labourdonnaie et composé de dix-huit mille hommes, menaçait Tournay. Dumouriez se réserva le commandement du principal corps d'armée, fort de quarante mille hommes, qui devait attaquer l'ennemi sous les murs de Mons, et marcher ensuite droit à Bruxelles. C'est sur ce point que les Autrichiens avaient réuni le gros de leur armée. Retranchés sur les hauteurs de Jemmapes, ils occupaient une position naturellement très-forte, et que leurs travaux avaient rendue presque inexpuguable. Clairfait les commandait, sous les ordres du duc Albert de Saxe-Teschen. C'est là que Dumouriez prit la résolution hardie d'aller les attaquer.

Le 28 octobre l'armée française reçut l'ordre de marcher en avant. Le 1.er novembre, son avant-garde, commandée par Burnonville, arriva en présence de l'ennemi. Mais elle fit de vains efforts pour lui enlever le village de Boussu, où il s'était fortifié; repoussée avec perte elle rétrograda jusqu'à Quiévrain. Dumouriez la fait alors appuyer par la division du duc de Chartres qui rétablit aussitôt le combat, enlève à la baïonnette les villages de Boussu et de Thulin, et conjointement avec les généraux Dampierre, Stingel et Frégeville, chasse les Autrichiens jusqu'à Saint-Quilain. Le 4, le prince s'avance avec toute l'armée, sous le commandement de Dumouriez; le 5, on arrive devant les hauteurs de Jemmapes, et le général en chef fait ses dispositions pour le glorieux combat du lendemain, où il devait déployer une valeur extraordinaire et des talens militaires du premier ordre. Il demeura au centre de l'armée, formée de ses meilleures troupes, et où se trouvait le duc de Chartres. Ce centre était composé d'infanterie de ligne, du premier bataillon des volontaires de la Nièvre et du 6.ᵉ de chasseurs à cheval. Le général Ferrand commandait la gauche, et Dampierre la droite, que devait renforcer l'avant-garde de Burnonville. L'armée passa la nuit sous les armes; la division du duc de Chartres bivouaqua sur les hauteurs, en avant du village de Paturage, et en face du camp retranché des Autrichiens.

Le 6 novembre 1792, à 8 heures du matin, notre droite s'ébranle et commence le combat; en même temps la gauche s'élance sur le village de Jemmapes et l'enlève à la baïonnette. Dumouriez se porte avec ses troupes sur ce point important. Une fausse démarche de Burnonville ayant compromis le salut de notre droite, le brave Dampierre parvient par des prodiges de valeur, à rétablir le combat et à tirer Burnonville de la position critique où il s'était engagé. Le combat continue avec acharnement sur la gauche; Dumouriez ordonne au centre de marcher en avant ; et renouvellant ce glorieux exemple donné par le vainqueur de Valmy : « Soldats, dit-il, en « étendant la main, voilà les hauteurs de « Jemmapes, et voilà l'ennemi ! L'arme « blanche et la terrible baïonnette ! voilà « la tactique nouvelle qu'il faut employer « pour parvenir et pour vaincre ! En « avant ! » Lui-même s'élance au pas de charge, en entonnant *la Marseillaise*. Les troupes, conduites par le duc de Chartres et par les deux frères Frégeville, répondent à ce chant des victoires par les cris de *vive la nation !* Elles se précipitent en même temps sur les Autrichiens ; mais en traversant la plaine qui les sépare de ces derniers, plusieurs bataillons, emportés par leur valeur, perdent leur alignement, et le désordre commence à se mettre dans leurs rangs. La cavalerie ennemie s'apprête à y mettre le comble. Le moment était critique ; Dumouriez voit le danger, et envoie le duc de Chartres au secours des fuyards. Le jeune prince déploya en ce moment un genre de courage supérieur peut-être à celui qui, à Valmy, lui avait assuré la victoire. Il était partout à la fois, conjurant, ordonnant, menaçant. Enfin ses efforts parviennent à rallier les fuyards ; mais, dans l'impossibilité de les reformer entièment, il en forme une colonne à laquelle il donna le nom *bataillon de Mons*, marche à sa tête contre l'ennemi; et avec les mêmes soldats dont rien, quelques instans auparavant, ne pouvait calmer la terreur et arrêter la fuite, il se précipite de nouveau contre les redoutes, y pénètre la baïonnette en avant, en renversant tout ce qui s'opposait à lui, et s'en rend maître après une vive et sanglante résistance. Dès-lors la victoire ne fut plus douteuse ; Dumouriez la rendit complète en enlevant aux Autrichiens leurs dernières redoutes, que les grenadiers Hongrois défendaient avec la plus grande intrépidité. Nos troupes étaient tellement fatiguées d'un combat si meurtrier, qu'elles ne purent se mettre à la poursuite de l'ennemi. Les Autrichiens perdirent cinq mille hommes, tant tués que blessés, environ autant de prisonniers et huit pièces de canon. Cette victoire, vive ment contestée, nous coûta aussi beaucoup de monde; mais, non moins décisive que celle de Valmy, elle ouvrit à nos soldats les portes de la Belgique, et leur apprit à ne pas plus redouter les nombreux escadrons autrichiens que les bataillons prussiens.

L'armée française, ayant pris quelque repos, continua sa marche victorieuse; Mons et Tournay se rendirent à elle sans résistance; partout les Belges, accablés par la tyrannie autrichienne, nous accueillaient en frères et en libérateurs. Le duc de Chartres était toujours à l'avant-garde, poussant vivement l'ennemi et ne lui laissant pas le temps de se reconnaître. Vainement le prince de Wurtemberg, à la tête d'un corps de vingt mille hommes, essaya-t-il de nous disputer l'entrée de Bruxelles. Battu le 13 au combat d'Anderlecht, il nous abandonna le champ de bataille, après une perte de quatre cents hommes et d'une partie de son artillerie. Le lendemain, les habitans de Bruxelles apportèrent à Dumouriez les clefs de la ville.

Le 19, le duc de Chartres assista encore

au combat de Tirlemont, le 27 à celui de Vanoux, et le 29 à une bataille assez vive où, après dix heures de résitance, notre avant-garde défit complétement un corps autrichien de douze mille hommes, campé une lieue en avant de Liége. La conquête entière de la Belgique suivit la prise de cette dernière ville. Après cette campagne, comparable par sa rapidité, ses succès et ses résultats, à celle dont quatre ans plus tard l'Italie devait être le théâtre, et qui plaçait le général Dumouriez au rang des premiers généraux de la République, l'armée française prit ses quartiers d'hiver ; mais elle ne tarda pas à retourner à de nouveaux combats.

CHAPITRE VI.

Nouveaux excès de la révolution; leurs causes. -- Le duc de Chartres engage vainement son père à quitter la France. -- De retour à l'armée, il assiste au siége de Maestricht, et à la funeste bataille de Nerwinde. -- Fuite de Dumouriez. -- Devenu suspect à la Convention, le duc de Chartres est obligé de suivre la fortune de ce général.

Tandis que l'armée sauvait ainsi l'honneur et l'indépendance de la patrie, la France était loin de recueillir le fruit de ses glorieux efforts. La révolution s'écartait de plus en plus de ses premières voies ; ses premiers apôtres avaient presque tous disparu de la scène politique, pour faire place à des hommes nouveaux, qui, non moins généreux peut-être, non moins amis de la liberté, crurent que, dans les circonstances difficiles où ils se trouvaient placés, la chose publique ne pouvait plus être sauvée que par des moyens extrêmes. Chaque jour l'émigration ajoutait à l'exaspération des esprits ; l'invasion des Prussiens y mit le comble ; et de là ces horribles massacres de septembre, dont gémit encore l'humanité et sur lesquels nous voudrions vainement jeter un voile ; car pour que l'histoire donne aux peuples d'utiles leçons, en même temps qu'elle immortalise leurs vertus, il faut qu'elle frappe leurs crimes de sa juste sévérité. Au reste, ces déplorables excès ne furent trop souvent que le résultat des folles résistances qu'on opposa d'abord aux plus utiles réformes ; le peu de bonne foi du gouvernement de Louis XVI doit aussi s'en attribuer la meilleure part : non que nous veuillions refuser par là un juste hommage aux vertus privées de cet infortuné monarque, et que nous ne gémissions aussi sur sa fin déplorable. Nous croyons qu'il voulait sincèrement le bien du peuple ; mais il n'y avait alors pour lui qu'une seule manière de l'opérer ; c'était de se mettre franchement à la tête de la révolution, et de la diriger d'une main ferme et loyale. Or, on ne peut le nier, telle ne fut pas la conduite de Louis XVI. Combattu par ses préjugés et sa mauvaise éducation de roi, obsédé par sa famille et ses courtisans, sollicité par les puissances étrangères, ce fut toujours avec des arrière-pensées qu'il donna sa sanction à des réformes dont son bon esprit reconnaissait la nécessité. Le manifeste qu'il publia en fuyant pour Varennes ne laissa pas même l'ombre du doute sur ses véritables intentions. On ne trompe pas impunément un peuple; ses exigences s'accroissent avec ses soupçons; et quand les choses en sont arrivées au point où il ne peut plus y avoir foi aux paroles du souverain, il faut ou que le peuple soit esclave, ou que le souverain tombe devant lui. Qu'on calcule maintenant les suites d'une telle chute, quand le peuple vainqueur vient à se constituer en république, c'est-à-dire, dans un état incompatible avec l'existence de la royauté, et qu'il voit la république naissante attaquée, tant à l'intérieur qu'à l'extérieur, par mille ennemis, tous auxiliaires du monarque détrôné! On frémit en songeant à ces terribles conséquences, et l'on est plus tenté d'excuser les hommes qui s'y trouvèrent nécessairement amenés.

Quelque temps avant la sanglante catastrophe du 21 janvier, le duc de Chartres, profitant de l'inaction des troupes, vint à Paris où l'appelait M. le duc d'Orléans, son père, qu'il devait y revoir pour la dernière fois. Un décret de la Convention forçait alors Mlle d'Orléans à quitter la France dans les 24 heures, comme émigrée; non que cette jeune princesse eût voulu en effet renier sa patrie, mais uniquement parce qu'elle avait prolongé de quelques jours son séjour en Angleterre avec Mme de Genlis, sa gouvernante. Le duc de Chartres fut chargé de la conduire à Tournay, en attendant la révocation de cet odieux décret; mais, à peine arrivé dans cette ville, il se vit lui-même frappé par un autre décret, qui prononçait à jamais le bannissement de tous les princes de la maison de Bourbon. Tourmenté d'un affreux pressentiment, il écrivit alors à son père, et lui fit les plus vives instances pour l'engager à quitter un pays où sa vie n'était plus en sureté, et à se rendre avec toute sa famille en Amérique. Heureux le duc d'Orléans, s'il eût suivi un conseil dicté par la raison non moins que par la tendre sollicitude de son fils! Mais ce malheureux prince était encore abusé par des illusions qu'il devait bientôt cruellement expier. Il lui restait quelque popularité; la Convention voulut en user jusqu'au bout ; elle le flatta, le paya de belles promesses, révoqua même en faveur des princes de sa famille, le décret de proscription lancé contre la maison de Bourbon ; et le duc d'Orléans resta quelque temps encore sur le sol de la patrie, pour être à son tour emporté par le torrent qui dévorait tout sur son passage.

Cependant le duc de Chartres, ayant laissé sa sœur à Mme de Genlis à Tournay, alla reprendre son commandement dans l'armée. Maître de la Belgique, Dumouriez rêvait déjà la conquête de la Hollande; la France venait de déclarer la guerre à cette république ; mais la Convention, voyant dans Dumouriez un nouveau Cromwel, sembla prendre à tâche de contrarier toutes ses opérations. Ce général étant venu lui-même à Paris exposer les besoins de ses soldats, il y fut reçu avec indifférence, et l'on n'eut aucun égard à ses demandes les plus justes. L'armée était cependant dans le dénuement le plus complet; la plupart des soldats, mal armés, mal habillés, manquaient même de souliers. La maladie et la désertion en éclaircissaient les rangs; l'enthousiasme seul soutenait ceux qui restaient fidèles à leurs drapeaux. Fatigué de vaines sollicitations, Dumouriez n'en poursuivit pas avec moins d'ardeur son plan de conquête. Il comptait beaucoup sur l'appui des Bataves; mais ceux-ci furent loin de voir l'invasion de nos troupes du même œil que les Belges, et leur opposèrent partout de la résistance. Cependant l'importante place de Bréda tomba bientôt entre nos mains, et Miranda mit le siége devant Maëstricht. Le duc de Chartres se trouvait alors sous les ordres de ce général, et pressait avec vigueur les opérations du siége. Les autrichiens accoururent avec des forces supérieures au secours de la Hollande. Le prince de Saxe-Cobourg, ayant violé le territoire neutre de l'électeur palatin, passa la Roër, le 1.er mars 1793, surprit les français devant Aix-la-

Chapelle, et les mit en déroute. Dans le même temps une forte division, commandée par le prince Charles, força Miranda de lever le siége de Maëstricht. Les deux corps français, ayant opéré leur jonction, se replièrent sur Liége, et prirent position devant Louvain. Informé de ce mouvement rétrograde, Dumouriez se hâte d'abandonner la Hollande, où il venait de remporter de nouveaux avantages, et accourt en Belgique, afin d'y réparer l'échec d'Aix-la-Chapelle. Arrivé le 15 mars devant Louvain, il prend aussitôt l'offensive, et le 16 au matin, attaque l'avant-garde autrichienne campée près de Tirlemont, sous les ordres du prince Charles. Le général Valence, à la tête des grenadiers, commandait la droite, Miranda la gauche, et le duc de Chartres le centre. Animées par la présence de leur général en chef, nos troupes se précipitent sur les autrichiens avec tant de vigueur, qu'ils sont rejetés en arrière de Tirlemont. En vain le prince Charles les rallie et les ramène au combat; ils sont de nouveau forcés à la retraite.

Ce glorieux début ayant rendu toute

sa confiance à l'armée française, Dumouriez se décida à une action générale. En conséquence, portant ses troupes en avant, il étendit la droite aux ordres de Valence, jusqu'à Goedsenhovendre, et le centre, commandé par le duc de Chartres, vers la chaussée de Tirlemont, Miranda garda le commandement de la gauche. Le front des deux armées offrait un développement de deux lieues. L'avant-garde autrichienne resta sous les ordres de l'archiduc Charles. Les généraux Collorédo et Clairfait, et le duc de Wurtemberg commandaient le corps d'armée. L'attaque principale se porta sur le village de Nerwinde, qu'occupait d'abord l'ennemi, et que le général Neuilli parvint à lui enlever après la plus vigoureuse résistance. Mais emporté par l'ardeur de ses troupes, ce général, au lieu de se maintenir dans Nerwinde, commit la faute de le dépasser et de s'étendre dans la plaine. Dans ce moment, Clairfait ayant reçu des renforts considérables, reprend Nerwinde. Le duc de Chartres s'aperçoit des progrès des autrichiens, fond sur eux avec impétuosité, et les chasse une seconde fois du village occupé. L'attaque fut tellement vive, qu'il en résulta de la confusion dans nos rangs ; et malgré tous les efforts du duc d'Orléans, notre infanterie abandonna encore Nerwinde à l'approche d'un ennemi supérieur en nombre. Dumouriez, qui sentait toute l'importance de cette position, la fait attaquer une troisième fois par toute sa droite. Mais l'ennemi avait eu le temps de faire marcher sur Nerwinde toutes les troupes de son centre et une partie de sa droite. Foudroyés par l'artillerie autrichienne, nos soldats sont obligés d'évacuer de nouveau ce village, qui reste encombré de morts des deux partis. Cependant le combat se rétablit à la droite ; et au centre la victoire est vivement disputée. Mais Miranda n'était pas si heureux à la gauche. Attaqués par les grenadiers du prince Charles, nos jeunes volontaires cèdent à une terreur panique, que leur général semble partager lui-même ; ainsi au lieu de les rallier et de les ramener à la charge, il donne l'ordre de la retraite, et l'exécute précipitamment jusque derrière Tirlemont, à deux lieues du champ de bataille, sans informer le général en chef de ce mouvement rétrograde. La droite des autrichiens se voyant alors sans ennemis, se reporte sur le centre et la droite de Dumouriez. Ces troupes victorieuses attaquent avec impétuosité les nôtres qui, fatiguées d'un combat de douze heures, et jugeant des désastres de la gauche par la présence du corps du prince Charles, se laissent également frapper de terreur. Tous les efforts de leurs généraux ne peuvent les retenir ; les soldats se débandent et se livrent à une fuite honteuse. Ainsi cette patriotique armée, qui avait si glorieusement expulsé les prussiens du sol français et ravi la Belgique aux autrichiens, perdit en un instant le fruit de ses triomphes. Quatre mille morts laissés sur le champ de bataille, deux mille cinq cents prisonniers, un matériel immense abandonné à l'ennemi, une armée entière désorganisée, l'évacuation presque totale de la Belgique, tels furent les tristes résultats d'une journée qui fit perdre à Dumouriez toute la gloire qu'il avait acquise jusqu'alors. On a dit que ce général, mécontent da la Convention, avait, par ses mauvaises dispositions, contribué à la perte de la bataille. Mais il nous répugnera toujours de croire à des trahisons semblables, auxquelles on n'a que trop souvent mal à propos attribué nos revers.

Le duc de Chartres avait fait tout ce qu'il était humainement possible de faire pour empêcher une déroute qui rouvrait aux étrangers les portes de la France. Obligé enfin de céder à la fortune, il parvient à rallier ses troupes, regagne Tirlemont sans avoir été entamé, fait fermer les portes de la ville devant un ennemi supérieur en nombre qui s'y précipitait pêle-mêle avec nos soldats, distribue des postes sur les remparts, et arrête ainsi l'armée victorieuse. La Convention ne lui tint pas compte de cette admirable conduite, et il dut, pour échapper à ses rigueurs, suivre la fortune de Dumouriez.

Ce général, par la défaite de Nerwinde, se voyait perdu sans ressource. Il ne se laissa point abattre, et le désespoir lui dérobant les périls, il forma le téméraire projet de renverser, avec les débris de son armée, le gouvernement qui avait dévoué sa tête à l'échafaud. Il savait qu'un grand nombre d'officiers partageaient sa juste indignation contre les mesures sanglantes de la Convention. Il pensa qu'il lui serait facile d'entraîner avec eux des troupes mécontentes, et qu'on laissait manquer de tout. Mais, ce qu'il eût pu faire avec une armée victorieuse, comment se flattait-il de l'exécuter avec des soldats échappés à une défaite ? Ce n'est que par des triomphes qu'un nouveau général peut gagner la confiance des troupes. Dumouriez le sentit, et commit une faute immense qui, seule, devait renverser ses projets. Il sollicita l'intervention étrangère, entra en pourparlers avec le général autrichien, et consentit à évacuer la Belgique, pourvu qu'il ne fût pas inquiété dans sa retraite. En même temps, il donne ordre aux commandans de plusieurs places, que nous occupions en Belgique et en Hollande, de capituler aux meilleures conditions possibles. Enfin, il obtient du prince de Saxe-Cobourg la promesse d'un corps auxiliaire pour seconder son entreprise. Cependant, sur le point de franchir le Rubicon, il hésiste, apporte de la lenteur dans ses opérations, et laisse à la Convention le temps de prendre ses mesures. Bientôt arrivent dans le camp, pour lui demander compte de sa conduite, le général Burnonville, alors ministre de la guerre, et quatre représentans du peuple. Dumouriez fait arrêter les cinq commissaires, et les livre aux autrichiens comme ôtages. Mais l'armée s'indigne justement de cet acte de violence; elle ne voit plus dans son général en chef qu'un traître vendu à l'ennemi, et tourne contre lui-même ses armes irritées. Ainsi, abandonné de ses soldats et suivi de quelques officiers qui attendaient de lui une conduite plus généreuse, il se voit obligé d'aller chercher un asile dans les rangs autrichiens. Ces fugitifs trouvèrent sur leur route un bataillon des volontaires de l'Yonne, qui tenta de les arrêter, et ne durent leur salut qu'à la vîtesse de leurs coursiers, non sans avoir essuyé un feu assez vif de la part des poursuivans. Le départ de Dumouriez entraîna en outre la défection de cinq à six cents hommes dans nos troupes.

Les liaisons du duc de Chartres avec ce général lui faisaient une nécessité de s'attacher à sa fortune. Depuis long-temps l'ame du jeune prince se soulevait d'horreur contre le monstrueux pouvoir de la Convention, et il ne craignait pas d'en manifester hautement son improbation. Dans une telle disposition d'esprit, il ne vit plus dans Dumouriez qu'un autre Monck qui, plus généreux que le général anglais, était appelé à rendre à la France une monarchie constitutionnelle, fondée sur les bases les plus libérales; et il fut tout naturellement porté à seconder son entreprise. L'intervention étrangère commença à lui ouvrir les yeux; mais il était trop tard. Signalé à la Convention comme un complice de son général en chef, il ne pouvait espérer de faire entendre sa justification à un gouvernement implacable. Sa loyauté lui défendait aussi d'abandonner un ami trahi par la fortune, et qu'il pouvait croire encore plutôt égaré que coupable. Tels furent les motifs qui le décidèrent à quitter la France. La mort de son père, l'horrible captivité reservée à ses jeunes frères, les persécutions dirigées contre Mme la duchesse d'Orléans, réalisèrent bientôt toutes ses tristes prévisions, et ne laissèrent plus de doute sur le sort qui l'attendait, s'il se fût confié à la foi du gouvernement révolutionnaire. D'un autre côté, son admirable conduite à l'étranger, en le montrant toujours fidèle à sa patrie, va rendre sa fuite forcée aussi honorable que celle de la plupart des émigrés fut indigne du nom français.

CHAPITRE VII.

Arrivée du duc de Chartres dans le camp autrichien; il y refuse le commandement d'une division; obtient un passe-port de voyageur anglais et va rejoindre sa sœur en Suisse. — Petites persécutions des émigrés. — Mlle d'Orléans trouve un asile dans un couvent de Brumgarten. —Son frère parcourt à pied différentes parties de la Suisse; il exerce avec distinction les fonctions de professeur au collége de Reichenau; à la mort de son père il prend le titre de duc d'Orléans.

Nous nous sommes étendus avec quelque complaisance sur les premiers combats de la révolution ; leur récit circonstancié se liait naturellement à la vie du prince qui y joue un si beau rôle; puis, dans la position nouvelle où la France vient de se placer, il nous a semblé utile de rappeler à ses enfans tout ce que peuvent l'enthousiasme et l'amour sacré de la patrie contre les forces matérielles d'une injuste aggression. Abandonnant à regret le théâtre de notre gloire, et laissant nos braves volontaires venger par cent nouveaux triomphes la défaite de Nerwinde, nous allons suivre notre héros dans la rude carrière de ses longues adversités.

Contraint de quitter un pays pour lequel il aurait versé jusqu'à la dernière goutte de son sang, le duc de Chartres traverse maintenant en fugitif les champs qu'il parcourait tout à l'heure en vainqueur, et se voit réduit à chercher un asile parmi les ennemis qu'il vient de combattre avec tant de courage. Cependant le soin de sa propre sureté ne lui fait pas négliger de pourvoir à celle des membres de sa famille qui pouvaient encore profiter de ses secours et de ses conseils. Il écrit de nouveau, hélas! et sans plus de fruit à son père, pour l'engager à s'éloigner au plus vîte du sol qui tremble sous ses pas. En même temps il envoie un courrier chargé de semblables dépêches au duc de Montpensier, qui servait alors avec distinction dans l'armée d'Italie, sous les ordres du brave et infortuné Biron. Mais la Convention avait été plus expéditive, et le courrier n'arriva à Nice que deux jours après l'arrestation du prince que son frère voulait sauver. Prévoyant aussi que Tournay, rempli d'émigrés et menacé par les troupes françaises, ne pourrait offrir long-temps un abri assuré à Mlle d'Orleans et à Mme de Genlis, le duc de Chartres se rendit d'abord dans cette ville, et de là les conduisit à St.-Amand, où elles ne restèrent que peu de temps et dans le plus parfait incognito.

Le même jour 5 avril 1793, le prince arriva à Mons, au quartier-général de l'armée autrichienne. Il y fut accueilli avec distinction. Le prince de Saxe-Cobourg lui offrit même le commandement d'une division dans les troupes coalisées, croyant sans doute qu'un proscrit céderait facilement à des idées de vengeance, et sentant, d'un autre côté, tout le parti qu'il pouvait tirer de l'influence de son nom et de ses talens militaires. Mais le duc de Chartres n'oublia pas le glorieux drapeau sous lequel il avait combattu; et, puisqu'il ne lui était plus permis de servir sa patrie, du moins il ne voulut pas s'unir contre elle à ses ennemis, surtout dans un moment où ils paraissaient devoir l'accabler de leur nombre. Il résista donc généreusement à toutes les offres brillantes qui lui furent faites. Il n'ignorait cependant pas à quelles nouvelles persécutions allait l'exposer son refus. Proscrit par le gouvernement révolutionnaire, détesté des émigrés qui ne pouvaient lui pardonner le tort immense à leurs yeux d'avoir figuré dans les rangs de la brave armée républicaine, il savait qu'il ne lui restait pas en Europe un lieu où reposer sa tête. Mais tous les sacrifices lui semblaient faciles pour l'accomplissement d'un devoir, et sa résolution resta inébranlable. Il demanda au prince de Cobourg une seule grâce, qui ne lui fut accordée qu'avec peine, c'était un passe-port pour la Suisse, sous le modeste titre de voyageur anglais. La connaissance profonde qu'il avait de la langue anglaise lui permettait de soutenir ce rôle.

Il partit de Mons le 12 avril, suivi du général Ducrest, son aide-de-camp, qui voulut rester fidèle à sa fortune, et commença ainsi le cours de ces longs voyages où il devait être éprouvé par tant de vicissitudes. Une gazette lui apprit en route l'arrestation de toute sa famille ; malheur que voulurent vainement prévenir ses conseils. Qu'on juge combien une telle nouvelle dut ajouter encore à l'horreur de sa position ! Mais il lui restait une sœur à protéger ; c'est vers elle qu'il porta ses pas. De St.-Amand elle s'était rendue avec Mme de Genlis au quartier-général du prince de Mack, commandant en chef de l'armée autrichienne. Ces deux dames n'y étaient arrivées qu'à travers mille difficultés, et toujours sous un nom supposé. Là elles furent reconnues par le prince de Lambesc qui eut assez peu de délicatesse pour les dénoncer au général autrichien ; mais celui-ci, plus généreux, les traita avec tous les égards qu'elles méritaient, et leur fit donner des passe-ports pour la Suisse, où le frère et la sœur étaient convenus de se rejoindre.

Arrivé à Bâle, le prince y attendit quelque temps Mlle d'Orléans ; ayant appris qu'elle était à Schaffousen, il partit aussitôt pour cette ville. Mais ce fut vainement qu'il se flatta de vivre tranquille et obscur auprès d'elle. La Suisse, malgré sa prétendue neutralité, subissait alors le joug de la coalition et de l'émigration. Bientôt les portes de Schaffousen se fermèrent devant les illustres fugitifs. Les magistrats de Zurich ne se montrèrent pas plus généreux à leur égard. Il n'est sortes de petites persécutions qu'ils n'eurent à subir de la part des émigrés ; misérables persécutions dirigées contre des femmes et bien dignes de la plupart de ces nobles chevaliers de Coblentz! C'est ainsi qu'à Schaffousen l'un d'eux crut sans doute faire un grand acte de vaillance, en déchirant d'un coup d'éperon la robe de Mlle d'Orléans, alors seule avec sa gouvernante. D'autres, plus lâches encore, assaillirent, au milieu de la nuit, à coups de pierres, les vîtres d'un appartement où reposait cette jeune princesse. De tels actes en disent assez sur ces preux soutiens de l'autel et du trône. Qu'eussent-ils donc fait, s'ils eussent été vainqueurs!

De Zurich les proscrits se dirigèrent vers Zug, où les dénonciations des émigrés ne tardèrent pas à refroidir le bon accueil que leur avaient d'abord fait les magistrats. Le duc de Chartres vit bien que c'était à lui surtout qu'on en voulait, et jugea que son éloignement pouvait seul assurer quelque tranquillité à sa sœur. Mais avant de se séparer d'elle, il voulut du moins lui trouver un asile. Il s'adressa à cet effet au comte de Montesquiou, ancien membre de l'assemblée constituante, qui, après avoir commandé avec distinction l'armée des Alpes et conquis la Savoie à la France, s'était vu comme lui en butte aux injustes défiances de la Convention, et obligé de s'exiler du sol de la patrie. Ce général était alors retiré à Brumgarten, et jouissait de beaucoup de consideration auprès de la confédération Suisse, en récompense d'importans services qu'il avait rendus à la république de Genève. Le duc de Chartres lui exposa vivement la situation où se trouvait réduite la princesse sa sœur, et lui demanda comme une précieuse faveur de la faire recevoir, elle et Mme de Genlis, dans le couvent de Brumgarten. M. de Montesquiou aplanit généreusement toutes les difficultés, et là du moins Mlle d'Orléans put goûter quelques jours de repos. Encore la poursuivit-on jusque dans cet asile religieux, et il fallut tout le crédit de son protecteur pour qu'il lui fût permis d'y demeurer. « Quant au duc de Chartres,

« dit M. de Montesquiou, en s'adressant
« au jeune prince, il n'y a d'autre parti à
« prendre pour vous que celui d'errer
« dans les montagnes, de ne séjourner
« nulle part, et de continuer cette triste
« manière de voyager jusqu'au moment
« où les circonstances se montreront plus
« favorables. Si la fortune vous devient
« propice, ce sera pour vous un odyssée
« dont les détails feront un jour le charme
« de vos souvenirs. »

Le prince suivit ce sage conseil; et, le 20 juin 1793, se séparant d'une sœur chérie qu'il ne devait revoir que quinze ans plus tard, il commença seul, à pied, et presque sans argent, ses excursions dans la Suisse et dans les Alpes. Combien de fois, s'écrie avec un légitime orgueil Mme de Genlis au souvenir des courses aventureuses de son royal élève, « Combien de
« fois je me suis félicitée de l'éducation
« que je lui ai donnée; de lui avoir fait ap-
« prendre, dès l'enfance, la plupart des
« langues modernes; de l'avoir accoutumé
« à se servir seul, à mépriser tout ce qui
« sent la mollesse, à coucher habituel-

« lement sur un lit de bois, recouvert d'une
« simple natte, à braver le soleil, la pluie
« et le froid ; à s'endurcir à la fatigue, à
« faire journellement de violens exercices
« de quatre à cinq lieues avec des semelles
« de plomb, enfin de lui avoir donné le
» goût des voyages. »

Aussi le duc de Chartres se trouva-t-il moins malheureux que d'autres princes placés dans une position semblable. L'adversité ne servit qu'à élever son ame et à la préparer à une jouissance plus pure d'un destin meilleur. Il savait que l'homme courageux a dans sa tête et dans ses bras de quoi fournir à ses premiers besoins. Il se soumit donc avec résignation à toutes les épreuves de la fortune, résolu de devoir son existence à son travail, plutôt que de mendier bassement le pain amer de l'étranger.

Jeune, plein d'ardeur et d'instruction, le voyageur parcourut avec enthousiasme cette Suisse pittoresque, si propre à inspirer de généreux sentimens, où les merveilles de la nature rappellent à chaque pas les prodiges de la liberté. Son cœur s'émut à l'aspect des beaux lacs de Genève et de Neufchâtel, immortalisés par les ouvrages de Jean-Jacques Rousseau, et par le séjour qu'y fit ce grand écrivain dans un état si voisin de la misère ; là il put se convaincre par ses propres yeux de l'exactitude des descriptions qu'a faites l'auteur de *l'Emile* et de la *Nouvelle Héloïse*, des lieux où il reçut le jour. A Steinck, à Burglau, à Grutli, à Tellen-Blatt, de plus hautes pensées vinrent l'animer encore; là vivent à jamais les souvenirs de Guillaume-Tell et de ces pâtres héros à qui la Suisse doit son indépendance. Le prince arriva ainsi jusqu'à la cîme du mont St.-Gothard, ce séjour éternel des neiges ; là il demanda vainement l'hospitalité aux religieux qui y ont établi leur demeure. Dérogeant pour lui aux règles de leur institut, ces moines lui fermèrent impitoyablement la porte du couvent de St.-Bernard: ne voyant sans doute en lui qu'un pauvre jeune voyageur dont la bourse ne pouvait les défrayer. Traitement indigne, inconcevable même, si l'on songe au véritable but de leur institution religieuse et philantropique, et à l'âpreté de ces déserts de glace, où leur maison seule offre un asile au voyageur égaré. Notre grand peintre Horace Vernet, a consacré ce trait inhospitalier dans un fort beau tableau que l'on voit figurer dans la galerie d'Orléans, et qui, par un touchant contraste, sert de pendant à son tableau de la bataille de Valmy.

Les modiques ressources du prince étant épuisées, il revint à Brumgarten se confier à la généreuse protection de M. de Montesquiou. Sa sœur et Mme de Genlis n'étaient plus dans cette ville ; les persécutions des émigrés les y avaient suivies. Elles avaient d'abord vainement demandé un asile au duc de Modène, oncle de Mlle d'Orléans. Ce prince avare, qui avait amassé plus de quatre millions dans ses coffres, se contenta d'envoyer à sa nièce la faible somme de 180 louis. Mlle de Conti, sœur du duc de Modène, alors retirée à Fribourg, ne se montra guère plus sensible aux infortunes et aux prières de la jeune princesse ; enfin, cédant à de nouvelles sollicitations, elle consentit à la recevoir auprès d'elle. Mlle d'Orléans fut alors obligée de se séparer de Mme de Genlis ; séparation qui coûta également à la gouvernante et à l'élève. Revenons maintenant à notre voyageur.

Afin de mieux détourner les soupçons et de lui procurer en même temps d'honorables moyens d'existence, M. de Montesquiou conçut l'idée de le placer, en qualité de professeur, dans le collége de Reichenau, château à deux lieues de Coire, où l'on avait établi un collége, et dont il connaissait un des propriétaires. Ce projet ayant été agréé par le duc de Chartres, le général Montesquiou écrivit à son ami pour lui proposer d'admettre comme professeur, dans son établissement, un jeune français auquel il s'intéressait vivement et dont il se portait caution ; mais il crut devoir lui confier que ce jeune homme était le fils aîné du duc d'Orléans, qui prendrait un nom supposé, et remplirait exactement les fonctions de l'emploi qu'il sollicitait. Cependant l'ami du général n'osa pas prendre sur lui d'admettre le prince sans le consentement d'un autre propriétaire, et du directeur du collége, dont il garantis-

sait la discrétion. Cet assentiment ayant été obtenu, le duc de Chartres se rendit seul à Reichenau ; il y fut examiné en forme par tous les chefs du collége, et admis à l'unanimité par eux sur la satisfaction que leur procura l'examen. Il enseigna pendant huit mois dans ce collége la géographie, l'histoire, les langues française et anglaise et les élémens des mathématiques. « Il supporta sans se plaindre, dit
« à ce sujet Mme de Genlis, et les rigueurs
« du sort et les injustices des hommes.
« Sous le ciel le plus âpre, au milieu des
« glaces de l'hiver, il se levait à quatre
« heures du matin pour aller donner des
« leçons à Reichenau ; il avait pris le nom
« de Corby, ce nom était celui d'un marchand du Palais-Royal ; il lui rappelait
« la patrie absente et le palais de ses
« aïeux. »

Tout entier à ses nouvelles fonctions, le prince vivait là du moins tranquille, oublié, et, plus heureux que Denis de Syracuse, n'ayant pas à se reprocher le triste abaissement de sa fortune. Mais là vint le frapper un coup terrible, et qui tout prévu qu'il était, ne laissa pas de l'accabler de la plus amère douleur. Nous voulons parler de la fin tragique de son père, victime, comme tant d'autres généreux patriotes, de cette révolution qui, pour nous servir de l'énergique expression de Vergniaud, semblable à Saturne, dévorait impitoyablement ses propres enfans.

L'esprit de parti a porté sur le duc d'Orléans les jugemens les plus téméraires. Sans prétendre approuver en tout sa conduite, il est juste néanmoins qu'on lui tienne compte des faits qui peuvent en atténuer les torts. Les hommes ne doivent pas être jugés dans les temps de révolution comme dans les temps ordinaires ; il faut savoir faire une large part à d'impérieuses circonstances qui commandent alors aux esprits les plus droits et même les plus fermes. Né avec un caractère généreux, mais faible, le duc d'Orléans céda d'abord à l'entraînement général ; des ambitieux le précipitèrent ensuite bien au-delà du but qu'il se proposait. Dès le commencement de la révolution, il embrassa avec chaleur les principes d'une sage liberté ; déjà auparavant il les avait

proclamés en plein parlement, et sa courageuse protestation contre les abus que personne ne songe même à excuser aujourd'hui, lui avait valu la disgrâce et l'exil. Cette conduite, qui contrastait d'une manière si formelle avec l'opiniâtreté des autres princes du sang à soutenir les plus odieux priviléges, lui concilia naturellement l'immense popularité dont il jouit d'abord, et que ses ennemis attribuèrent faussement à des trames secrètes. « Un peu-
« ple entier n'est pas mis en mouvement
« par des moyens de ce genre, dit fort
« judicieusement Mme de Staël ; la grande
« erreur des gens de cour a toujours été
« de chercher dans quelques faits de détail
« la cause des sentimens éprouvés par la
« nation entière. » Cependant le duc d'Orléans, voyant que la cour lui faisait un crime des sentimens du peuple à son égard, s'exila volontairement pour l'Angleterre, et ne revint en France qu'à l'époque de la fédération, dans un moment où sa présence pouvait être utile au prince aveuglé qui le proscrivait. Vinrent les fatales journées des 5 et 6 octobre ; les en-

nemis du prince ne manquèrent pas de le signaler comme l'auteur de ce mouvement. Mais la longue procédure instruite au Châtelet et le rapport Chabroud le lavent complètement de cette calomnieuse imputation. Il continua de siéger à l'assemblée constituante jusqu'à la promulgation de la constitution de 1791. De concert avec Lafayette, il essaya alors avec le roi un rapprochement qui pouvait encore sauver la monarchie. Mais toujours circonvenu par des conseils étrangers, Louis XVI se refusa obstinément à toute espèce de conciliation. Le duc d'Orléans s'éloigna de nouveau de la cour, partit pour l'armée, et combattit vaillamment dans les rangs de nos braves. Nommé député à la Convention, il crut devoir accepter ce dangereux honneur. Peut-être se flattait-il que sa popularité pourrait prévenir de nouveaux excès, et prêter quelque appui à un pouvoir que sa faiblesse même rendait cruel. Peut-être espéra-t-il jouer le beau rôle que son noble fils remplit aujourd'hui, et, se jetant comme médiateur au milieu des factions, poser les solides fondemens de la monarchie cons-

titutionnelle. Mais les factions l'emportèrent, et après avoir poussé leur victime à la plus affreuse des extrémités, elles se réunirent pour l'accabler. « Malheureux
« et excellent prince, s'écrie le duc de
« Montpensier dans ses mémoires, qui-
« conque a pu vous voir de près et vous
« bien connaître, sera forcé de convenir,
« s'il n'est pas un calomniateur, que vous
« n'aviez dans le cœur ni la moindre am-
« bition, ni aucun désir de vengeance ;
« que vous possédiez les qualités les plus
« aimables et les plus solides, mais que
« vous manquiez peut-être de cette fermeté
« qui fait que l'on n'agit que d'après sa
« propre impulsion, que d'ailleurs vous
« accordiez votre confiance avec trop de
« facilité, et que des scélérats avaient
« trouvé le moyen de s'en emparer pour
« vous perdre et vous sacrifier à leurs
« atroces projets. Celui qui tiendra ce
« langage ne fera que vous rendre la jus-
« tice la plus sévère; mais vos ennemis
« étoufferont sa voix, et malheureusement
« ils n'en ont que trop les moyens. Eh
« bien ! qu'ils achèvent leur ouvrage ;

« qu'ils déchirent la mémoire de ce prince
« infortuné et sacrifié. Mais puissent-ils
« être connus un jour ! puisse le monde
« savoir ce que je sais ! Et puissé-je en-
« core exister à cet époque ! »

CHAPITRE VII.

Voyages du duc d'Orléans en Dannemark, en Norwége, en Finlande et en Suède. --- Il se décide à quitter la France sur une lettre de sa mère. --- Belle réponse qu'il y fait.--Quelques détails sur Mme *la duchesse d'Orléans et sur ses deux plus jeunes fils.*

Pendant que le duc d'Orléans (c'est ainsi que nous appellerons désormais le duc de Chartres devenu l'héritier du nom de son père) était à Reichenau, un mouvement favorable au parti populaire ayant éclaté dans le pays des Grisons, M. de Montesquiou le rappela auprès de lui, dans l'espoir qu'il pourrait y vivre à l'abri de nouvelles persécutions. Le prince quitta alors ses honorables fonctions de professeur, après s'être fait délivrer un certificat de bonne conduite et de capacité, et partit, emportant les regrets des autres professeurs et des élèves dont il s'était fait adorer. Il resta chez M. de Montesquiou jusqu'à la fin de 1794, toujours sous le nom de Corby et avec le titre d'aide-de-camp de ce général. Mais il se flattait vainement d'échapper à l'œil malfaisant des émigrés; des indices trop certains lui ayant appris qu'on commençait à percer le mystère de son nom, il jugea prudent de s'éloigner de la Suisse. Par là aussi, il se dérobait aux poursuites du gouvernement révolutionnaire, qui ne voyait pas sans inquiétude dans son voisinage un prince royal, capable de rallier à lui la saine majorité de la nation. Le duc d'Orléans forma le projet de passer en Amérique et d'y fonder un établissement où il pourrait réunir les restes de sa famille proscrite. Arrivé à Hambourg, en mars 1795, le manque presque total de fonds l'empêcha de mettre ce généreux projet à exécution. Il résolut alors de parcourir le nord de l'Europe, espérant que la persécution ne viendrait pas le chercher jusque sous les glaces du pôle. Le général Montesquiou lui fournit à cet effet une lettre de crédit sur un banquier de Copenhague, et c'est avec cette seule ressource qu'il entreprit son long et pénible voyage. Ayant traversé heureusement les pays qui le séparaient du Dannemarck, le banquier, à qui il était recommandé comme un voyageur suisse, lui fit obtenir des passe-ports pour toute l'étendue de ce royaume. Le prince en profita pour visiter tous les objets qui lui parurent mériter quelque attention, et que sa profonde instruction lui permettait d'apprécier. A Elseneur il parcourut le beau château de Grunenbourg et les jardins d'Hamlet, cet antique monarque Danois, moins célèbre dans l'histoire que dans le terrible drame de Shakespeare. De là, le voyageur passa le Sund pour se rendre en Suède, et remonta le lac Werner pour admirer les belles cascades du fleuve des Goths, de ce peuple qui fut la pépinière des nations de l'Europe. De Suède, il se rendit en Norwège, et séjourna à Friederichstadt, où mourut Charles XII, la main sur son épée ; conquérant téméraire, dont le fatal exemple ne put corriger le plus grand capitaine des temps modernes. Christiana, Druntheim le reçurent ensuite dans leurs murs, et partout il éprouva le bienveillant accueil de ce peuple pauvre et hospitalier.

Pressé d'arriver à l'extrémité du continent vers l'époque du solstice, le prince longe ensuite les côtes de la Norwège jusqu'au golfe de Salten, visite le Mahstrom, malgré les dangers qui en défendent les approches, pénètre dans le pays des Lapons, voyage à pied avec eux, et peut observer à loisir les mœurs originales d'un peuple encore peu connu, et que sa nature physique, non moins que ses usages, rendent si différent des autres peuples. Il arrive ainsi au cap nord le 24 août 1795 ; puis, traversant de nouveau la Laponie, il se rend à Tornéo, à l'extrémité du golfe de Bothnie, au lieu même où Louis XV avait envoyé le géomètre Maupertuis et quelques savans mesurer un degré du méridien, sous le cercle polaire. Le souvenir de ce voyage est consacré par une colonne élevée dans ces tristes parages, et sur laquelle le poète Regnard, l'un des compagnons de Maupertuis, grava cette inscription emphatique :

Sistimus hic tandem nobis ubi defuit orbis.
Nous ne nous arrêtons qu'aux limites du monde.

Le duc d'Orléans fit mentir le poète, en s'avançant dans ces mêmes régions de cinq degrés plus près du pôle.

De Tornéo il passe en Finlande, où il étudie le théâtre de la dernière guerre entre les Russes et les Suédois, sous Gustave III, et va jusqu'au Kimaine, fleuve qui séparait alors la Suède de la Russie. L'impératrice Catherine gouvernait ce dernier empire ; mais le prince évite de franchir la barrière de ses états, ne se fiant pas à l'hospitalité des despotes. Il traverse les îles d'Atland et arrive à Stockolm, toujours inconnu et sous la recommandation de son banquier danois. On célébrait alors dans la capitale de la Suède une fête en l'honneur de son souverain Gustave IV. Le prince reçoit une invitation au bal ; et curieux d'observer les usages de la cour de Suède, il s'y rend, espérant toujours y garder l'incognito. Mais toutes ses précautions n'empêchent pas qu'il ne soit reconnu par l'envoyé de France Granvelle qui s'adressant au comte de Sparre chancelier : « Vous me cachez vos secrets, lui « dit-il, vous ne m'aviez point dit que vous « eussiez ici le duc d'Orléans. » Le chancelier ne pouvait le croire. « Il y est si « bien, ajouta l'envoyé, que le voilà là

« haut. » Le comte de Sparre fit venir le prince, et le présenta au régent du royaume, le duc de Sudermanie. Celui-ci l'accueillit avec la plus haute distinction ; lui offrant même dans sa cour un asyle conforme à son rang. Mais le prince, craignant de compromettre le régent avec la France, et désirant échapper par son obscurité à la poursuite de ses ennemis, refusa ses offres généreuses. Il ne demanda au régent que la permission de parcourir en toute sureté le pays qu'il gouvernait, pays d'un aspect si pittoresque, où vivent tant de grands souvenirs. Ainsi, ayant pris congé de la cour de Stockolm, le prince se rendit dans les mines de la Dalécarlie, au milieu de ces fiers paysans, parmi lesquels Gustave Wasa avait jadis trouvé des vengeurs. Il se reposa dans la ferme qui avait servi d'asyle à ce héros, et d'où il était parti à la tête de quelques braves pour aller délivrer sa patrie. Ce grand et nouvel exemple des vicissitudes humaines, dut fortifier encore l'ame du jeune prince contre les coups de l'adversité. Enfin, après avoir soigneusement visité les places les plus importantes de la Suède, entre autres le bel arsenal de Carlskrone, toutes ses ressources étant épuisées, il repassa le Sund et revint à Hambourg. Il y trouva les émigrés, intriguant là comme dans les autres états de l'Europe contre leur patrie. Mesurant sans doute son ame à la leur, et s'imaginant que le mauvais état de sa fortune le déterminerait à prendre place dans leurs rangs, ils lui renouvelèrent leurs odieuses propositions. Le duc d'Orléans y résista avec une nouvelle énergie. Il ne se montra d'abord pas mieux disposé à céder aux promesses et aux menaces du Directoire, qui ne se croyait pas assuré de son pouvoir, tant que le prince resterait en Europe. Mais on eut recours, pour l'ébranler, à un moyen qui devait être tout puissant sur son cœur. Il était à Friderichstatt, dans le Hosltein, lorsque le ministre de la république française auprès des villes anséatiques, après l'avoir fait chercher inutilement pendant deux mois jusqu'en Pologne, lui envoie une lettre de Mme la duchesse d'Orléans, sa mère, qui l'engageait de tout son pouvoir à se conformer aux désirs du Di-

rectoire. « Que la pensée de soulager
« les maux de ta pauvre mère, lui disait-
« elle, de rendre sa situation moins
« pénible, de contribuer à assurer le calme
« dans ton pays, exalte ta générosité. »
Elle lui faisait savoir en outre que le gouvernement révolutionnaire exigeait son exil de l'Europe comme une condition nécessaire à la délivrance de ses deux frères, retenus encore prisonniers au fort Saint-Jean.

Un si bon fils, un frère si dévoué ne pouvait résister à de telles considérations; aussi se hâta-t-il de répondre :

« Quand ma tendre mère recevra cette
« lettre, ses ordres seront exécutés, et je
« serai parti pour l'Amérique. Je m'en-
« barquerai sur le premier bâtiment qui
« fera voile pour les États-Unis. Et que
« ne ferais-je pas après la lettre que je
« viens de recevoir? Je ne crois pas que
« le bonheur soit perdu pour moi sans
« retour, puisque j'ai encore les moyens
« d'adoucir les maux d'une mère ché-
» rie, dont la position et les souffrances
« m'ont déchiré le cœur depuis si long-

« temps. Je crois rêver quand je pense que
« dans peu j'embrasserai mes frères et que
« je serai réuni à eux ; car je suis réduit à
« ne pouvoir croire ce dont le contraire
« m'eût paru jadis impossible. Ce n'est
« pas cependant que je cherche à me plain-
« dre de ma destinée, et je n'ai que trop
« senti combien elle pouvait être plus af-
« freuse. Je ne la croirai même pas mal-
« heureuse si, après avoir retrouvé mes
« frères, j'apprends que notre mère ché-
« rie est aussi bien qu'elle peut l'être, et si
« *j'ai encore une occasion de servir ma pa-*
« *trie*, en contribuant à sa tranquillité et
« par conséquent à son bonheur. Il n'y a
« pas de sacrifice qui me coûte pour elle,
« et, tant que je vivrai, il n'y en a point
« que je ne sois prêt à lui faire.

Ainsi, au milieu de ses plus grandes infortunes, le duc d'Orléans restait toujours
le même, et savait immoler à son amour
pour la patrie toutes ses espérances d'une
meilleure destinée. Avant de le suivre dans
le nouveau monde et au milieu de nouvelles
traverses, nous croyons devoir entrer dans
quelques détails sur la situation de sa res-

pectable mère et de ses deux frères, depuis qu'il avait eu le malheur d'être séparé de sa famille.

Au mois de septembre 1793, en vertu de la loi sur les suspects, Mme la duchesse d'Orléans fut arrêtée et conduite à la prison du Luxembourg. De là on ordonna sa translation à cette terrible Conciergerie, d'où l'on ne sortait que pour aller à la mort. Mais, avant de quitter le Luxembourg, elle dut son salut à l'humanité du concierge Benoît qui, feignant de ne pas la connaître, et sous prétexte qu'elle lui paraissait trop malade, s'écria, avec l'accent d'une profonde pitié : « Ah ! la pauvre « femme ! elle se meurt ! peut-être est-» elle morte ! » On la laissa donc dans sa prison ; où elle se vit encore abreuvée d'humiliations ; avec cette noble et vertueuse princesse, dans le même cachot, on enferma une misérable courtisane. La chute de Robespierre vint mettre un terme à cette affreuse position. La duchesse d'Orléans fut alors transférée dans la maison de santé du docteur Belhomme, rue de Charenton, où elle obtint un peu plus de liberté. Mais elle y était dans un tel état de dénuement que, faute d'argent, elle se voyait réduite à prendre son café sans sucre. Ainsi, on avait vu la malheureuse reine Antoinette, obligée de raccommoder elle-même son linge en lambeaux. Cependant le Directoire, qui avait succédé au comité du salut public, usa dans la suite de plus de ménagemens envers la veuve du duc d'Orléans; comme elle n'avait pas émigré, on se montra même disposé à lui rendre une partie de ses biens et, ce qui lui était encore plus précieux, la liberté de ses deux fils détenus au fort Saint-Jean. Mais on y mettait pour condition expresse qu'elle quitterait la France, elle et les deux prisonniers, et qu'elle userait de toute l'autorité de sa tendresse maternelle pour déterminer son fils aîné à s'éloigner aussi. La malheureuse mère accepta, ne pouvant faire mieux; c'est alors qu'elle écrivit la lettre à laquelle le duc d'Orléans fit une réponse si généreuse et si touchante.

Frappé au mois d'avril 1793, par le décret qui proscrivait tous les membres de la maison de Bourbon, le duc de Montpensier avait été, ainsi que nous l'avons dit, arrêté à Nice, dans le temps même que son frère aîné, s'éloignant de la France, faisait d'inutiles efforts pour le sauver. Conduit à Marseille au milieu des vociférations d'une horrible populace, il n'avait qu'avec peine échappé à leurs menaces de mort. On l'enferma d'abord dans le fort de Notre-Dame-de-la-Garde, où il ne tarda pas à voir arriver, comme compagnons d'infortune, son père, son jeune frère le comte de Beaujolais, le vieux prince de Conty et Mme la duchesse de Bourbon, mère du malheureux duc d'Enghien. Là, du moins, on ne sépara point le père de ses enfans, et la captivité était supportable. Mais environ un mois après, tous les prisonniers furent transférés au fort St.-Jean. Le comte de Beaujolais eut seul la permission de rester avec son père; quant au duc de Montpensier, on le descendit dans un cachot souterrain, voisin des latrines, fermé de deux énormes portes à triples verroux, et dont l'obscurité, la puanteur et l'horreur étaient telles qu'il ne put s'empêcher de s'écrier en y entrant : *Quoi ! c'est ici !* exclamation involontaire, qui échappait, dit-il, à tous ceux qui, pour la première fois, arrivaient devant cet affreux séjour. C'est là que le jeune prince fut condamné à végéter deux mois entiers, privé d'abord de toute communication avec son père et son frère, et n'ayant d'autre société que celle d'un fidèle serviteur, nommé Gamache, qui n'avait jamais voulu l'abandonner. Il faut lire dans ses intéressans mémoires les vexations continuelles qu'il avait à souffrir de la part des officiers municipaux de Marseille et de leurs dignes satellites, assistant à tous ses repas et troublant vingt fois par nuit son sommeil, pour bien s'assurer que leur victime n'avait pas brisé ses fers. Le duc d'Orléans et le comte de Beaujolais n'étaient pas mieux traités, mais, du moins, ils étaient ensemble. L'autorité militaire du général Carteaux, qui se trouva ensuite chargée de la garde des prisonniers, toute révolutionnaire qu'elle était, se montra plus douce envers eux que le soupçonneux conseil municipal. De braves soldats, enfreignant la consigne,

permirent quelquefois au père de se réunir avec ses enfans. Tel fut le sergent qui le premier ouvrit la porte du cachot du duc de Montpensier : « Diable, dit-il en en-
« trant, c'est *ben* noir ici! Bonjour ci-
« toyen! c'est votre père et votre frère
« qui sont là-haut, n'est-ce pas ? — Oui,
« — Ça vous ferait-il *ben* plaisir d'aller
« dîner avec eux ? — Oh! beaucoup, et je
« vous en aurais une grande obligation.
« Eh *ben*, montez ; j'ai fermé la grille
« d'en-bas. Si l'officier ou quelqu'autre
« vient, vous redescendrez *ben* vîte dans
« votre prison, et l'on ne s'apercevra de
« rien ; car je ne demanderais pas mieux
« que de vous mettre dehors ; mais je ne
« me soucierais pas que l'on me mît de-
« dans à votre place. » Puis, jouissant de la joie que causait aux membres de cette noble famille une réunion aussi inespérée:
« C'est bon, dit-il, je suis content, si vous
« l'êtes ! Mais chut ! (en mettant le doigt
« sur sa bouche) et ne vous vantez pas
« d'avoir été ensemble, car je serais perdu
« si on le savait. » Bientôt un officier de garde, non moins compâtissant, permit aux

prisonniers de prendre chacun à leur tour l'air sur le sommet de la tour où ils étaient renfermés. « Venez citoyens, leur dit-il, « venez respirer l'air, il est trop cruel de « vous étouffer de la sorte ! Je le prends « sur moi, on m'en punira, si on le juge « à propos. » On aime, en ces temps affreux, à retrouver ainsi dans le cœur des défenseurs de la patrie ces sentimens humains et généreux qui presque partout ailleurs étaient indignement méconnus.

Le 23 octobre, le duc d'Orléans fut arraché de sa prison pour être conduit à Paris devant le tribunal révolutionnaire, c'est-à-dire, à l'échafaud; il cherchait cependant encore à se faire illusion sur son sort: « Je voulais, mon cher Montpensier, dit-il « à son fils, partir sans te dire adieu, car « c'est toujours un moment pénible ; mais « je n'ai pu résister à l'envie de te voir « avant mon départ. Adieu, mon enfant, « console-toi, console ton frère, et pensez « tous deux au bonheur que nous aurons « en nous revoyant. » Hélas ! ce bonheur ne leur était pas réservé.... Quinze jours après, la tête du duc d'Orléans tombait sous la hache sanglante. Ce fut Mme la duchesse de Bourbon qui se chargea de la douloureuse mission d'apprendre cette affreuse nouvelle à ses enfans : « Vivez, leur « dit-elle, vivez pour votre si malheureuse « mère. » — « Ma tante, de grâce, expli- « quez-vous, s'écria le duc de Montpensier, « qu'est devenu mon père ? — Vous n'en « avez plus, il a été condamné à mort et « exécuté.—Ah! les exécrables monstres ! » C'est tout ce que put dire ce prince infortuné, et il s'évanouit. Le comte de Beaujolais ne tarda pas à s'évanouir aussi. Ils ne sortirent de cet état que pour se livrer aux transports de la plus violente douleur.

Depuis ce jour fatal, les deux jeunes princes s'attendaient à chaque instant à subir le sort de leur père; ils y étaient résignés. La mort leur semblait même préférable à une telle captivité. Quelque temps après néanmoins, le représentant Maignet les fit transférer dans un autre logement qui tout muré, grillé, verrouillé et sombre qu'il était, leur parut un palais auprès du cachot dont ils sortaient. Ils achetèrent même à grand prix d'un avare commis la permission de se promener dans un petit jardin qui appartenait au major de la place. La prison leur sembla alors plus supportable, bien que pendant tout le règne de la terreur, de barbares geoliers les poursuivissent souvent de leurs menaces de mort. Le 9 thermidor, ce jour du réveil de la France, apporta de nouveaux adoucissemens à leur sort. Si leur ame généreuse eût pu s'ouvrir à des idées de vengeance, c'eût été même un agréable spectacle pour eux que de voir leur prison se remplir des hommes terribles qui les avaient si cruellement opprimés. Mais quand ces bourreaux devinrent à leur tour des victimes dévouées aux poignards de la réaction thermidorienne, ils ne purent que les plaindre. On partage leur pitié et leur indignation, en lisant de quelle affreuse manière, le 6 juin 1797, quatre-vingts de ces malheureux furent égorgés dans le fort St.-Jean par des jeunes gens de Marseille, vengeant ainsi sur eux la mort de leurs proches. Triste effet des discordes civiles, et qui devrait enseigner la modération aux maîtres d'un pouvoir qui peut être anéanti le lendemain.

Cependant on avait donné aux deux princes le fort pour prison; ils y recevaient les lettres et les secours de leur malheureuse mère, ils pouvaient aussi correspondre avec quelques amis restés fidèles à leur mauvaise fortune, entre lesquels se distingua M. Lebrun, l'un de leurs précepteurs. Ils se flattaient enfin que la délivrance de la France mettrait bientôt un terme à leur captivité. Mais cet espoir leur fut enlevé par un décret de la Convention rendu sur *la proposition de déporter les membres de la famille Bourbon détenus en France,* et portant que : « Vu le danger éminent « pour la chose publique, de rendre la li- « berté aux susdits individus, on les re- « tiendrait en prison aussi long-temps que « la sureté générale l'exigerait. » Le prince de Conti et Mme la duchesse de Bourbon purent néanmoins sortir du fort St.-Jean, mais à condition qu'ils resteraient l'un à Autun, et l'autre à Moulins, sous la surveillance du gouvernement. Comme le duc de Montpensier et le comte de Beaujolais ne s'étaient pas constitués prisonniers *sur parole*, ils formèrent le hardi projet d'échapper par la fuite à leurs éternels geoliers.

Leur première mesure fut de s'assurer du passage à bord d'un bâtiment italien. Un capitaine toscan consentit à se charger, pour un prix très-raisonnable, de *deux jeunes gens* et de leurs domestiques, pourvu qu'ils fussent munis de passe-ports, ou sinon, il lui fallait un *mont d'or*. Les jeunes gens parvinrent, moyennant quatre louis, à obtenir de faux passe-ports d'un secrétaire de la commune qui gagnait sa vie à ce commerce. Munis de cette pièce importante, et ayant fait toutes leurs dispositions, ils ne songèrent plus qu'à l'exécution de leur projet. Elle fut fixée au 18 novembre. Ce jour là, le comte de Beaujolais, accompagné d'un seul domestique, sortit heureusement du fort. Dix minutes après, le duc de Montpensier franchit aussi le fatal pont-levis, et rendait déjà grâce au ciel de la liberté. Mais à peine avait-il fait quelques pas, qu'il rencontre le commandant du fort qui le reconnaît et le fait reconduire dans sa chambre. Il ne perd cependant pas courage, et comme cette chambre donnait sur la mer, il se décide à descendre par la fenêtre au moyen d'une corde préparée à cet effet. L'intrépide jeune homme s'abandonne donc à ce frêle instrument de salut; mais parvenu à la moitié de la hauteur, c'est-à-dire, à environ trente pieds, la corde casse entre ses mains, et il tombe sans connaissance au pied de la tour. » Ah mère de Dieu, il est mort, le pauvre « enfant! » s'écria à cet aspect une bonne servante complice de son évasion. Il resta en effet comme mort pendant une demi-heure. En rouvrant les yeux, il se trouva dans la mer jusqu'à mi-corps, avec une jambe cassée et d'affreuses douleurs de reins. Après plus de deux heures de la plus cruelle attente, le malheureux blessé fut enfin recueilli par un bâteau pêcheur, dont les matelots promirent de le conduire chez un ami sûr. Mais pendant le transport, la foule se pressant autour de lui, il fut reconnu par un homme du peuple, dénoncé à la garde et ramené dans sa prison. Le comte de Beaujolais, ayant appris ce funeste accident, s'empressa de revenir auprès de son frère, aimant mieux partager sa captivité qu'être libre sans lui : noble et touchant exemple de tendresse fraternelle. C'est à travers les grilles de leur chambre que les deux prisonniers virent s'éloigner en pleine mer le vaisseau toscan qui devait les emmener avec lui.

Le duc de Montpensier demeura quarante jours au lit et quinze mois boiteux, des suites de sa chute. Rien ne semblait plus maintenant annoncer de terme à cette longue captivité. On redoubla même dans les premiers momens de précautions envers les prisonniers. L'arrivée du général Willot à Marseille apporta enfin d'heureux changemens dans leur situation. Ce généreux officier, qui avait reçu du Directoire les pouvoirs les plus étendus, n'en usa que pour adoucir, autant qu'il était en lui, le sort des deux jeunes princes dignes de tant d'intérêt. Quelque temps après, s'ouvrirent les négociations du gouvernement français avec Mme la duchesse d'Orléans qui réclamait la restitution de ses biens injustement confisqués. On consentit, ainsi que nous l'avons dit, à lui en rendre une partie, mais à condition que ses trois fils s'éloigneraient non pas seulement de la France, mais de l'Europe. La malheureuse mère dont le cœur répugnait à une si cruelle séparation, la combattit vainement de tout son pouvoir. Voyant qu'elle ne pouvait obtenir qu'à ce prix la liberté de ses enfans, elle consentit à tout ce qu'on exigea d'elle. En conséquence, quand les soupçonneux Directeurs se furent bien assurés que M. le duc d'Orléans, suivant les désirs de sa mère, était parti d'Hambourg pour l'Amérique, ils signèrent l'arrêté qui permettait à ses frères de sortir de leur prison pour s'exiler aussi dans le Nouveau-Monde. Le général Willot s'empressa de leur annoncer cette bonne nouvelle, et les conduisit dans sa propre maison, en attendant leur passage à bord d'un bâtiment que le gouvernement des États-Unis faisait fréter pour ramener dans leur patrie tous les Américains rachetés de l'esclavage d'Alger, au nombre de plus de quatre-vingts. On peut juger de toute la joie des deux jeunes princes en quittant pour toujours l'odieux fort St.-Jean, et surtout lorsque, le 5 novembre 1796, à sept heures du matin, ils s'embarquèrent sur le bâtiment qui devait les conduire dans un pays de liberté. « Un « vent frais s'élevant, dit le comte de « Montpensier à la fin de ses mémoires, « nous nous éloignons rapidement de cette « terre où nous avions été si malheureux, « et dont cependant nous n'avons pas cessé « de souhaiter le bonheur. »

CHAPITRE VIII.

Arrivée du duc d'Orléans en Amérique. --- Il y est rejoint par ses deux frères. --- Leurs voyages dans les États-Unis. --- Visite à Wasghinton. --- Séjour à la Havane. --- Après d'inutiles tentatives. pour se rendre auprès de leur mère en Espagne, ils partent pour l'Angleterre et fixent leur demeure, à Twickenham. --- Mort du duc de Montpensier et du comte de Beaujolais.

Ce fut le 24 septembre que le duc d'Orléans fit ses adieux à la terre natale et quitta l'embouchure de l'Elbe, à bord d'un vaisseau américain qui faisait voile pour les États-Unis. Il arriva à Philadelphie un mois après. La traversée de ses frères ne fut pas aussi heureuse; le vaisseau qu'ils montaient, combattu par des vents contraires, ne toucha le port que vers la fin du mois de février. C'est alors seulement que le duc d'Orléans put serrer dans ses bras deux frères chéris, et dont pendant quatre ans, il avait été séparé par de cruelles infortunes. La mort seule pouvait désormais rompre les liens qui les unissaient.

Maintenant du moins ils étaient trois contre l'adversité. Leurs ressources pécuniaires étaient bien faibles ; mais ils se trouvaient si heureux d'être libres et réunis, que toutes les privations leur paraissaient douces avec un tel bienfait. Fidèles aux principes qu'ils avaient embrassés et dont une fausse application ne détruisait en rien la justice, les trois frères parurent dans les cercles et dans les lieux publics de Philadelphie, parés des trois couleurs de leur patrie, et professant en tous lieux leur haine pour la tyrannie, de quelque masque qu'elle osât se couvrir. L'aspect d'un pays florissant par le seul empire de la loi, et où la liberté repose sur des bases si larges et si fécondes, ne servit qu'à les confirmer dans leurs généreux sentimens. C'est là, c'est en étudiant bien un gouvernement fondé sur une terre neuve, il est vrai, mais avec tous les élémens d'une vieille société, que le duc d'Orléans put se convaincre par ses propres yeux que, pourvu que les lois répriment la licence, le principe populaire ne saurait jamais être trop étendu. Et cependant les États-Unis venaient à peine de secouer le joug de la métropole! Leur prospérité toujours croissante depuis la glorieuse époque de leur émancipation, est, ce nous semble, la meilleure réponse qu'on puisse faire aux partisans d'un système de liberté tellement restreint, qu'il équivaut à une véritable aristocratie.

Après avoir demeuré quelque temps à Philadelphie, les trois princes, toujours avides d'instruction, résolurent de parcourir les différentes parties des états de l'Union. C'était un curieux spectacle en effet à observer que le mélange des mœurs de ce peuple nouveau, formé de tant d'élémens disparates et tendant tous vers un centre commun. Ils se dirigèrent d'abord vers Baltimore, traversèrent la Virginie et eurent le bonheur de voir Wasghinton dans sa modeste retraite de Monte-Vernon, où le fondateur de la liberté américaine les avait invités. Quelle impression ne dut pas produire sur ces jeunes ames la vue de ce héros digne des temps antiques, qui, après avoir arraché son pays au joug de l'étranger, jouissait de la gloire encore plus pure de l'avoir affranchi à jamais de toute domination nouvelle par des lois dignes de servir de modèle à tous les peuples! Le duc d'Orléans visita les foyers du grand homme ami de Lafayette avec le même sentiment de respect et d'admiration qu'il était jadis entré dans la chaumière de Gustave Wasa. Wasghinton fit aux trois voyageurs le plus honorable accueil ; leur seul titre de Français eût suffi pour les recommander aux yeux d'un homme qui n'oublia jamais tout ce que la liberté de sa patrie dut à la généreuse intervention de la France. De là, animés du désir de connaître des peuplades encore sauvages, et dont le nombre diminue chaque jour, ils se rendirent sur les bords des lacs Érié et Ontario, qu'ils trouvèrent habités par les Chérokois, peuple qui a su conserver son indépendance, et qui vient de se créer une langue savante et des institutions. Partout ces bons sauvages les accueillirent avec une franchise d'hospitalité qu'on chercherait en vain parmi les peuples civilisés. Les trois frères terminèrent ce voyage par la visite du fameux saut du Niagara, dont M. de Châteaubriand, autre illustre victime des discordes civiles, devait faire quelque temps après une si magnifique description. Le duc de Montpensier a reproduit aussi avec fidélité cette merveille de la nature dans un fort beau dessin que le roi des Français garde précieusement dans sa galerie.

De retour à Philadelphie, la fièvre jaune se déclara dans cette ville et y moissonna un grand nombre de victimes. Le défaut d'argent força les jeunes princes de rester dans ce séjour pestilentiel. Le duc d'Orléans y fit même un heureux usage de ses connaissances en médecine et en chirurgie. Ce ne fut que vers le mois de septembre que Mme la duchesse d'Orléans, ayant enfin recouvré une partie de ses biens, put envoyer quelques secours pécuniaires à ses enfans. Ils en profitèrent pour continuer leurs voyages, et parcoururent, cette fois-ci, le Newhampshire et le Massasuchet. Arrivés à Boston, ils apprennent que le Directoire, sans aucun égard pour l'âge et les malheurs de leur mère, vient, par un décret, de la bannir de France et de la déporter en Espagne. Une seule pensée remplit désormais leur cœur, celle de la rejoindre, afin d'adoucir ses maux par leur tendresse et leurs soins. Ils retournent donc en toute hâte à Philadelphie, dans l'espoir d'y trouver un vaisseau qui les conduise en Espagne. Des ressources insuffisantes ne leur permettent pas d'abord de profiter des occasions qui se présentent ; la guerre qui éclate entre l'Angleterre et l'Espagne vient leur fermer ensuite l'accès de ce dernier royaume. Mais, s'animant d'un nouveau courage, ils forment la résolution de se rendre à la Louisiane, qui appartenait alors à l'Espagne, afin de s'embarquer pour la Havane, d'où ils comptaient facilement se frayer un passage auprès de leur mère. Partis de Philadelphie au milieu de l'hiver, sur la fin de 1797, ils arrivent enfin à Petit-Bourg, après avoir fait plus de deux cents lieues à cheval, au milieu des neiges. Là, malgré les rigueurs de la saison et les glaces qui obstruaient le cours des fleuves, ils n'hésitent pas à s'embarquer, descendent à travers mille périls l'Ohio, puis le Mississipi jusqu'à la Nouvelle-Orléans, dont le gouverneur leur fit le plus bienveillant accueil.

Au mois de mars 1798, les trois frères montèrent un bâtiment américain qui devait les conduire à la Havane ; mais, dans la traversée, ce vaisseau fut pris par une frégate anglaise. Les princes se firent connaître au capitaine qui, touché de leur position et de leur sollicitude filiale, consentit à les transporter à la Havane. Le gouverneur de cette colonie espagnole, ignorant les intentions de son cabinet, les reçut d'abord avec la considération due aux jeunes parens de son souverain. Le duc d'Orléans s'empressa d'écrire au roi d'Espagne pour lui demander, en son nom et en celui de ses frères, la permission d'aller se réunir à leur mère ; cette lettre n'obtint pas même de réponse. Il y a plus ; la considération et l'intérêt dont les princes furent entourés à Cuba, excitèrent à un tel point la jalousie du cabinet de Madrid que, quelque temps après, ordre fut notifié au gouverneur de la Havane de les faire transporter de nouveau à la Nouvelle-Orléans ; et cela, sans leur assurer aucun moyen d'existence. Les trois frères durent céder à cette cruelle nécessité, et après avoir passé dix-huit mois à la Havane dans une vaine attente, il leur fallut se résoudre à vivre encore séparés d'une mère à laquelle ils auraient voulu consacrer toute leur existence. Mais, au lieu de retourner à la Nouvelle-Orléans, ils portèrent leurs regards vers l'Angleterre qui, par politique autant que par humanité, offrait une asile aux victimes de la révolution française. Ce parti pris, ils se rendirent d'abord aux îles Bahama et de là, sur un vaisseau anglais, à Halifax, dans la Nouvelle-Ecosse, dont le duc de Kent, l'un des fils de Georges III, était gouverneur. Ce prince accueillit avec la plus honorable distinction les illustres voyageurs, et les confirma dans leur projet de passer en Angleterre, sans oser cependant leur permettre de s'embarquer sur un vaisseau de guerre de la marine anglaise. Par suite de cette interdiction timorée, ils se virent obligés de partir pour New-Yorck, d'où un bâtiment de commerce anglais les transporta à Falmouth. Ayant pris aussitôt la route de Londres, ils arrivèrent dans cette ville au commencement de l'année 1800, et y furent reçus partout avec le plus grand empressement.

Là encore, le patriotisme du duc d'Orléans devait sortir victorieux de nouvelles épreuves. Il trouva à Londres le comte d'Artois avec sa suite d'émigrés, épiant toutes les occasions d'irriter le gouvernement anglais contre la France. Des infortunes communes amenèrent entre eux une réconciliation politique. Pour mieux la sceller, le duc d'Orléans écrivit au comte de Lille (depuis Louis XVIII) qui était encore à Mittau, une lettre où respirent les sentimens les plus généreux. Il donna même ensuite, avec toute la noble fierté qui convient au malheur, son adhésion à la note par laquelle ce prince, au nom de tous les princes de la maison de Bourbon, refusait de renoncer à la couronne de France en faveur du grand conquérant qui commençait à subjuguer sa patrie. Mais là s'arrêta le concours des enfans d'Orléans avec les vues de la branche aînée de leur famille. Etrangers plus que jamais à ses petites haines, à ses petits projets de vengeance, ils se séparèrent du cercle d'intrigues qui entourait les princes émigrés, et vécurent à Londres dans la plus profonde retraite. Le duc d'Orléans voyait sa patrie se soumettre avec joie au gouvernement du héros qui l'avait arrachée aux fureurs de l'anarchie. Lui qui avait sacrifié à la tranquillité de la France les justes espérances que pouvaient lui donner le sanglant despotisme du Comité de salut public et la faiblesse du Directoire, songeait bien moins encore à entraver un pouvoir seul assez fort pour mettre un terme à nos fatales dissentions. Il sut donc se résigner à un exil nécessaire. Ses frères ne furent pas moins généreux ; une seule pensée les animait toujours, celle de rejoindre la tendre mère dont ils étaient séparés depuis dix ans.

Après avoir séjourné quelque temps à Londres, le gouvernement anglais, sur leurs désirs, les fit transporter à l'île de Minorque. La guerre qui existait alors entre l'Espagne et l'Angleterre, ne permettait pas au bâtiment qu'ils montaient d'aller plus loin. Ils trouvèrent à Minorque les débris de l'armée de Condé qui, après la bataille de Marengo, y étaient venus chercher un asyle. Là de nouvelles sollicitations, tout aussi inutiles que les précédentes, leur furent faites de se joindre aux troupes de l'émigration. Enfin, les trois princes trouvèrent un vaisseau anglais qui consentit à les conduire à Barcelonne, où était leur mère. Déjà le port se montrait à leurs yeux et ils attendaient pleins d'impatience le bateau qui devait les y conduire; mais, par une cruelle fatalité, la lettre qu'ils avaient écrite à Mme la duchesse d'Orléans pour annoncer leur arrivée, lui fut remise deux heures trop tard. Pendant ce temps les espagnols, à qui la présence d'un vaisseau anglais sur leurs côtes était suspecte, forcèrent celui-ci de s'éloigner avant qu'il eût été possible aux princes de débarquer. Il leur fallut tristement retourner en Angleterre, et y fixer leur séjour en attendant des temps meilleurs. Ils allèrent modestement s'établir à Twickenham, dans une maison de campagne qui avait appartenu à l'illustre Pope.

Là, leur vie s'écoulait douce et tranquille; l'étude, les beaux arts et l'amitié s'en partageaient tous les instans. Jamais union de frères ne fut plus intime, plus parfaite. Ils semblaient vivre du même cœur, de la même ame. Portant leurs regards vers la patrie absente, la pensée de sa gloire les consolait de leur propre infortune ; un seul regret venait les attrister, c'était celui de ne pouvoir s'associer à ses triomphes, à son bonheur. Les deux aînés ne pouvaient oublier qu'eux aussi ils avaient combattu en braves parmi les braves, et la nouvelle d'un glorieux combat les faisait tressaillir comme s'ils y eussent assisté eux-mêmes. Il est bien pénible, avec de tels sentimens, d'être obligé de vivre au milieu des ennemis de son pays. Du moins, le séjour du duc d'Orléans en Angleterre n'a pas été inutile à la France. Il n'était pas de ces princes dont on a dit avec tant de raison, qu'ils n'ont rien appris, rien oublié. En étudiant à fond les principes d'un gouvernement dont il voyait l'application sous ses yeux, son esprit judicieux put comparer, d'un côté, les avantages d'une constitution qui assure à chaque citoyen le libre exercice de ses droits, et, de l'autre, les dangers d'une aristocratie privilégiée tellement puissante, qu'elle rend pour le plus grand nombre les bienfaits de la charte illusoires.

Tel est en effet le triste spectacle qu'offre l'Angleterre : révoltant contraste de quelques insolentes fortunes à côté d'une excessive misère dont le progrès toujours croissant doit, si de prompts remèdes ne sont portés au mal, amener incessamment une crise terrible et peut-être la dissolution de ce grand corps.

De Twickenham les princes firent quelques excursions dans l'Ecosse, cette vieille alliée de la France, que les romans de Walter Scott nous ont rendue aussi familière que notre propre pays. Le portefeuille du duc de Montpensier s'enrichit dans ces voyages de plusieurs dessins des sites les plus pittoresques de la Suisse britannique. Hélas ! cette pure jouissance des arts et de l'amitié que goûtaient si pleinement les trois frères devait être bientôt troublée par la mort des deux plus jeunes. Une longue et cruelle captivité avait déposé dans leur sein le germe d'une maladie de poitrine qui minait lentement leur constitution. Le duc de Montpensier succomba le premier. Le 18 mai 1807, il fut enlevé à sa famille et à sa patrie qui serait maintenant si heureuse de le posséder. L'Angleterre elle-même sentit vivement sa perte, et lui fit rendre les honneurs funèbres dus à son rang et à son mérite. Les caveaux de Westminster reçurent ses restes mortels, et, sur la royale tombe, le duc d'Orléans fit graver cette épitaphe, inspirée par la tendresse fraternelle :

> *A tenerâ juventute*
> *In armis strenuus,*
> *In vinculis indomitus,*
> *In adversis rebus non fractus,*
> *In secundis non elatus,*
> *Artium liberalium cultor assiduus,*
> *Urbanus, jucundus, omnibus comis,*
> *Fratribus, propinquis, amicis, patriæ*
> *Nunquàm non deflendus,*
> *Utcunque fortunæ vicissitudines*
> *Expertus;*
> *Liberali tamen Anglorum hospitalitate*
> *Exceptus,*
> *Hoc demùm in regum asylo*
> *Requiescit.*

« Dans ce dernier asile des rois repose un prince qui, « dès sa tendre jeunesse, se montra brave dans les « combats, indomptable dans les fers, inébranlable dans « l'adversité, modeste dans la prospérité, cultivant les « beaux arts, plein d'urbanité, de grâce, d'affabilité « envers tout le monde. Après avoir éprouvé toutes « les vicissitudes de la fortune, la généreuse hospita- « lité des anglais l'accueillit. Il laisse à ses frères, « à ses parens, à ses amis, à sa patrie, d'éternels re- « grets. »

Depuis cette mort fatale, le comte de Beaujolais, dont la destinée semblait plus particulièrement attachée à celle du compagnon de sa captivité, ne fit que dépérir. Les médecins, pensant qu'un air plus doux serait favorable à son état, lui conseillèrent un voyage dans les parties méridionales de l'Europe. L'air de la patrie eût sans doute opéré sa guérison ; mais les portes lui en étaient toujours fermées. L'Italie, occupée par nos armes, ne pouvait non plus lui ouvrir les siennes. L'île de Malte était la seule partie du midi de l'Europe accessible pour lui ; c'est là que l'envoyèrent les médecins anglais. Mais le malade ne voulait pas quitter son frère ; celui-ci se fit un plaisir de l'accompagner, espérant jusqu'au dernier moment que la mort épargnerait cette jeune et aimable victime. Cette consolation ne lui était pas réservée. Les chaleurs du brûlant rocher du Malte exercèrent la plus funeste influence sur la santé délabrée du comté de Beaujolais. Le duc d'Orléans, voyant chaque jour empirer son état, écrivit au roi de Sicile, son parent, Ferdinand IV, afin d'obtenir un asile dans ses états pour lui et son frère malade ; mais, avant d'avoir reçu la réponse de cette lettre, le malheureux prince n'existait plus. Il mourut entre les bras du duc d'Orléans, tournant ses derniers regards vers une patrie où les plus belles années de sa vie s'étaient écoulées dans les fers. Il conserva une tranquillité inaltérable jusque dans ses derniers momens, fit à son frère les plus tendres adieux, et lui recommanda ses domestiques avec le plus touchant intérêt. Sa mort arriva dans le courant de mai 1808 ; ainsi il ne survécut que d'un an au duc de Montpensier, et comme lui, il fut privé du bonheur de voir sa mère avant de quitter la vie.

« Le comte de Beaujolais, dit un biogra-
« phe, était d'une charmante figure et d'un
« heureux naturel ; il avait beaucoup de
« courage et quelque chose de cette étour-
« derie entreprenante qui caractérise la na-
« tion française. Dans le temps que Bona-
« parte menaçait les côtes d'Angleterre,
« bravant le danger, il s'embarqua sur une
« corvette pour observer le camp de Bou-
« logne, et revit pour un moment le rivage
« de cette patrie que la mort allait lui fer-
« mer pour toujours. »

CHAPITRE IX.

Arrivée du prince en Sicile. — Il se réunit enfin à sa mère et à sa sœur. — Son mariage avec la princesse Marie-Amélie, fille du roi de Sicile. — Il donne vainement à la reine de Sicile de sages conseils. — Naissance du duc de Chartres.

Voila donc le malheureux duc d'Orleans seul encore, abondonné à lui-même et n'ayant d'autre espoir de consolation que dans sa réunion avec une mère et une sœur non moins affligées que lui. Il ne put se résoudre à rester dans l'île de Malte ni à retourner en Angleterre. L'apect des lieux, tout à l'heure vivifiés par la présence de ses frères, et alors entièrement vides, eût été pour son cœur une source toujours renaissante de trop amers regrets. Il s'embarqua donc sur une frégate qui partait pour Messine, espérant trouver Ferdinand plus hospitalier que ne l'avait été le faible roi d'Espagne. Son dessein n'était cependant pas de se rendre à Palerme où se trouvait alors la cour de Sicile, chassée par les troupes françaises du royaume de Naples. Tout entier à sa douleur, il ne voulait qu'attendre à Messine une occasion favorable pour rejoindre enfin les deux êtres chéris auxquels seuls il tenait encore sur la terre, il crut devoir seulement informer Ferdinand de l'arrivée dans ses états d'un prince son parent. La providence qui menageait au duc d'Orléans une consolation inespérée au milieu de ses plus grandes infortunes, toucha en sa faveur le cœur du roi de Sicile. Ferdinand fit à sa lettre la réponse la plus amicale, et l'engagea vivement à se rendre auprès de lui. Le duc d'Orléans céda à ses désirs; il arriva à la cour de Palerme en juin 1808; c'est là qu'il distingua d'abord la jeune princesse Marie-Amélie, fille du roi, celle dont les grâces et les vertus devaient adoucir enfin tant de peines cuisantes, et réconcilier à jamais son époux avec le bonheur.

Cependant les pensées du duc d'Orléans se tournaient toujours vers sa mère. La malheureuse princesse venait d'être obligée d'abandonner Figuières, où elle s'était retirée. Cette ville avait été bombardée par les français, l'habitation de la duchesse d'Orléans détruite et elle-même fuyant à pied, au milieu de la nuit, n'avait pu gagner qu'avec peine les avant-postes espagnols. Quelque temps avant cet événement, elle avait envoyé Mademoiselle Adélaïde à Malte, où celle-ci espérait rejoindre ses deux frères. La duchesse d'Orléans devait elle-même ensuite se réunir à ses enfans dans cette île. Mais Mademoiselle Adélaïde ne trouva que les cendres du comte de Beaujolais. Ayant appris que son frère aîné était à Gibraltar, elle alla non moins vainement l'y chercher; il en était déjà parti. Elle courut aussitôt à sa poursuite en Angleterre et le rencontra enfin à Portsmouth, au moment où il se disposait à s'embarquer pour retourner dans la Méditerranée. Le frère et la sœur pleurèrent en se revoyant après une si longue absence et prirent la résolution de ne plus se séparer. L'île de Malte les rappelait alors dans son sein; c'était là que devaient se réunir les débris de cette noble famille. Ils n'obtinrent néanmoins qu'avec peine la permission de quitter l'Angleterre. Arrivés à Malte, ils écrivirent aussitôt à leur mère pour l'engager à venir les joindre ; mais pendant ce temps, elle faisait voiles pour le port Mahon où le vaisseau qui entraînait ses enfans n'avait pu s'arrêter. D'autres circonstances fâcheuses ne permirent pas ensuite à M*me* la duchesse d'Orléans de se rendre à Malte. Le prince se vit lui-même obligé de laisser sa sœur seule dans cette île, pour retourner en Sicile, où il apprit qu'on l'avait calomnié dans l'esprit de la reine. Sa présence ne tarda pas à dissiper d'injustes soupçons ; et il rentra complètement dans les bonnes grâces de la cour de Palerme. C'est alors qu'il lui fut permis de mieux apprécier encore les vertus et les aimables qualités de la princesse Marie-Amélie ; le généreux caractère qu'il avait déployé dans toutes les circonstances de sa vie, son courage, ses malheurs même ne firent pas moins d'impression sur le cœur de la fille du roi. Profitant de ces heureuses dispositions, il demanda sa main ; tout proscrit qu'il était, elle lui fut accordée avec le plus grand empressement.

Le duc d'Orléans était alors au comble

de ses vœux ; il ne tenait qu'à lui de sceller au même instant une union qu'il avait si vivement sollicitée. Mais son bonheur lui eût semblé incomplet, s'il n'eût eu sa mère pour témoin ; et c'est ici qu'on ne saurait trop admirer cette tendresse filiale qui ne craint pas d'immoler au devoir la satisfaction du plus ardent désir du cœur de l'homme. Mme la duchesse d'Orléans était restée au port Mahon ; les anglais s'opposant à ce que son fils abordât dans cette possession espagnole, il lui demanda une entrevue soit en Sicile, soit en Sardaigne. Il se rendit à cet effet à Cagliari où sa sœur venait de débarquer aussi, après avoir quitté l'île de Malte. La duchesse d'Orléans ne put céder encore aux désirs de ses enfans. Le prince conduisit alors Mademoiselle Adélaïde à Palerme, où le roi, la reine de Sicile, la princesse Amélie, l'accueillirent comme une fille et une sœur chérie. Enfin, les anglais ayant levé leur interdiction, le duc d'Orléans part pour le port de Mahon ; c'est là qu'après seize ans d'absence, il presse entre ses bras la plus tendre des mères. Elle consent avec joie à le suivre à Palerme, où le 25 novembre 1809, elle a le bonheur de voir célébrer le mariage de son fils avec la princesse Amélie.

Cependant la cour de Palerme était alors livrée aux plus violentes agitations. Murat venait de *passer* roi de Naples, suivant l'heureuse expression des soldats de l'empire; il avait remplacé sur ce trône Joseph Bonaparte, appelé contre son gré à gouverner un pays où il apportait vainement de libérales intentions. Sous l'abri des vaisseaux anglais, Ferdinand IV, le souverain de Naples dépossédé, s'était réfugié en Sicile, et s'y maintenait. La reine son épouse, Marie-Caroline d'Autriche, femme pleine d'énergie et d'ambition, avait toujours les yeux tournés vers le continent, et ne songeait qu'aux moyens de reprendre le plus beau fleuron de sa couronne. De son côté, Murat, le fougueux Murat, brûlait aussi de ne pas porter en vain le titre de roi des Deux-Siciles. Mais il n'avait point de vaisseaux, et une flotte anglaise imposante défendait les abords de la Sicile. Les Anglais avaient aussi débarqué dans cette île une armée de vingt mille hommes et voté un subside de 400,000 livres sterlings, près de dix millions de notre monnaie, pour l'entretien de ces forces. Cependant ils ne les jugeaient pas encore assez puissantes pour résister à la valeur impétueuse de Murat, et restaient prudemment sur la défensive. Cette sage réserve ne pouvait convenir aux projets de conquête de l'épouse de Ferdinand; elle s'en plaignit amèrement et de manière à mécontenter ses auxiliaires. Pour se passer de leur appui, il eût fallu du moins se concilier les Siciliens; mais ceux-ci, ennemis nés des Napolitains, voyaient toutes les faveurs de la cour, tous les emplois de leur pays livrés à l'émigration de Naples, et ne supportaient qu'avec peine un tel état de choses. Ces malheureuses dissentions déchiraient la cour de Palerme et menaçaient de bouleverser la Sicile. Le duc d'Orléans essaya d'y mettre un terme; mais la reine, toujours plus aigrie par les obstacles que rencontraient ses ambitieux projets, n'était nullement disposée à suivre les sages conseils de la raison. C'est ainsi qu'il l'engagea vainement à ne pas indisposer les Anglais de qui elle dépendait, à faire participer au pouvoir les Siciliens, dont elle avait également besoin, et surtout à conserver les immunités de la Sicile. Le peu de cas que l'on fit de ses représentations amena bientôt les plus funestes résultats.

Au nombre de ses priviléges, la Sicile comptait le droit de s'imposer elle-même par l'organe de son parlement; droit légitime s'il en fût jamais, et que le plus absurde abus de la force a pu seul enlever aux nations qui en sont encore privées. Le parlement Sicilien s'assemblait tous les trois ans, fixait la quotité de l'impôt pour ce laps de temps, et nommait, sous le titre de *députation du royaume,* une commission chargée de percevoir les contributions et de les verser dans les caisses du gouvernement. Les trois années votées expirant en 1811, il fallut convoquer un nouveau parlement. La cour lui demanda une augmentation de trois cent soixante mille onces d'or, plus de quatre millions de France; somme énorme pour le pays. Le parlement n'en vota que cent cinquante mille. Ferdinand, poussé par la reine, crut pouvoir alors, de son autorité privée et au mépris des lois du royaume, imposer à la Sicile, par un édit royal, la somme exigée. Le parlement protesta avec énergie contre la violation de ses droits. La nation épousa une cause qui était la sienne, et des émeutes en différens lieux prouvèrent au faible époux de Marie-Caroline qu'on ne foule pas impunément aux pieds les libertés d'un peuple. Des troupes furent envoyées pour les appaiser; les actes arbitraires qu'elles exercèrent mirent le comble au mécontentement, et une révolution terrible fut sur le point d'ensanglanter la Sicile. Le duc d'Orléans, voyant tous ses généreux efforts inutiles, avait cru devoir s'éloigner entièrement de la cour et des affaires. L'intervention anglaise sauva ce malheureux pays de l'anarchie dont il était menacé, sans être toutefois plus désintéressée dans cette circonstance que dans toutes celles où elle s'est montrée. Une révolte générale pouvait en effet enlever cette île à l'Angleterre et devenir pour ses soldats le signal de nouvelles vêpres siciliennes. Lord William Bintinck fut en conséquence envoyé à Palerme, et, menaçant Ferdinand de lui ôter l'appui de son gouvernement, le força d'accéder aux justes demandes du peuple. En même temps des troupes anglaises occupèrent Palerme, et le roi résigna son autorité entre les mains du prince héréditaire. Celui-ci s'empressa d'appeler les Siciliens au ministère ; puis il promulgua une constitution qui, tout imparfaite qu'elle était, calma au moins l'opinion. Le duc d'Orléans reparut alors dans les conseils, et la tranquillité se rétablit en Sicile.

CHAPITRE X.

Première restauration.—Le duc d'Orléans rentre en France; la cour l'éloigne des affaires.—Les fautes du nouveau gouvernement amènent le 20 mars.—Le duc d'Orléans est d'abord envoyé à Lyon, puis à Lille où il se concilie l'estime de l'armée ; sa belle lettre d'adieux au maréchal Mortier ; beau mot de Napoléon à ce sujet.

Heureux de l'affection d'une épouse chérie, le duc d'Orléans vivait depuis quatre ans tranquille en Sicile, et déjà sa famille s'y était accrue d'un prince et de deux princesses, lorsque les événemens de 1814 amenèrent le retour de sa famille en France. Ce colosse, qui pesait sur les peuples, tomba renversé par eux. Tous les efforts d'un génie qui ne parut jamais si grand que dans cette lutte inégale, tous les prodiges d'une armée réduite à une poignée de braves, ne purent empêcher l'inévitable catastrophe. La France pleura sur la chute du héros ; mais, fatiguée de despotisme et de guerre, épuisée par ce long duel d'un seul peuple contre l'Europe entière, elle se soumit sans murmurer à un gouvernement qui lui offrait avec la paix l'espoir de la liberté. Nous ne chercherons pas même à dissimuler l'empressement avec lequel fut salué le retour des Bourbons. Quel intérêt ne devait pas inspirer à une nation généreuse des princes éprouvés par tant d'infortunes, revenant de la terre d'exil et à qui, sans doute, aurait profité la terrible leçon du malheur! Mais leurs actes eurent bientôt détruit le prestige.

Ce fut le 23 avril 1814 qu'un vaisseau anglais apporta en Sicile la nouvelle de la restauration. On peut juger avec quelle joie elle fut reçue d'un prince qui soupirait si ardemment après sa patrie. Le duc d'Orléans partit aussitôt pour la France qui, malgré ses plaies récentes, lui offrit l'agréable spectacle d'une richesse et d'une fécondité encore inconnues à l'époque où il s'en était éloigné : heureux fruit des conquêtes de la révolution et des travaux d'un grand homme! Le 17 mai suivant, il parut aux Thuileries dans le costume de lieutenant-général, dont il avait jadis gagné les épaulettes à la pointe de son épée.

Tous les amis de la liberté jetèrent alors les yeux sur lui et le regardèrent comme le plus ferme appui de leur cause, dans le cas où elle viendrait à être abandonnée par les princes que la chute de Napoléon avait replacés sur le trône. Quelque temps après, accompagné du baron Athalin et du comte de Sainte-Aldegonde, ses aides de camp, le prince retourna à Palerme pour y aller prendre sa famille et la conduire en France, où le peuple l'accueillit partout avec le plus vif empressement.

La charte constitutionnelle venait d'être promulguée. Cet acte, fruit des lumières et de l'expérience de M. Talleyrand, contenait assez de dispositions libérales pour que la France entière s'y ralliât, s'il eût été franchement exécuté. Mais, dans sa forme même, il portait le germe de sa destruction. Le monarque en effet déclarait *octroyer* comme un don, comme une grâce de son autorité privée, ce qui ne devait être que l'expression de la volonté générale. Il en résultait nécessairement pour lui la conséquence qu'il pouvait, suivant son bon plaisir, retirer ce qu'il lui avait plu de donner, et pour la nation, qu'elle n'était point liée par un pacte sur lequel elle n'avait pas été consultée. Bientôt les faveurs accordées au clergé et à l'émigration, les dédains prodigués aux débris d'une armée que ses ennemis même ne pouvaient s'empêcher d'admirer, la haine affectée des principes et des hommes de la révolution, prouvèrent aux moins clairvoyans que vingt-cinq années d'exil avaient passé en vain sur la tête des nouveaux venus, et qu'une lutte constante, opiniâtre, pouvait seule assurer à la France le maintien des libertés qu'elle avait déjà si chèrement payées. Il eût été, par exemple, d'une sage politique d'appeler le duc d'Orléans aux affaires; son nom populaire, ses antécédens tout français n'eussent pas peu contribué à rattacher la nation à un gouvernement qui avait pour elle le tort immense de venir à la suite des armées étrangères. Mais, au lieu de donner à la France cette prudente satisfaction, la cour, n'écoutant que ses injustes défiances, commença contre lui ce système de petites persécutions, de tracasseries, auquel jusqu'à la fin elle se montra fidèle : c'était se faire de ce prince un ennemi dangereux, s'il eût pu céder à des sentimens d'ambition et de vengeance.

L'article 30 de la charte octroyée, portait que tous les membres de la famille royale et les princes du sang étaient pairs par le droit de leur naissance ; privilége immense sans doute, mais qu'on ne saurait blâmer dans notre forme de gouvernement, en ce qu'appelant de bonne heure les princes à la discussion des affaires publiques, elle leur apprend à connaître les besoins du pays, et leur donne dans les délibérations une influence qui peut être quelquefois utile. Mais Louis XVIII, usant du droit qu'il s'était réservé par l'article suivant, ainsi conçu : « les princes ne peuvent « prendre séance à la chambre que de l'or- « dre du roi, exprimé pour chaque session « par un message, à peine de nullité de tout « ce qui aurait été fait en leur présence, » ne crut pas devoir autoriser les princes à prendre séance à la chambre des pairs. Cette exclusion portait tout entière sur M. le duc d'Orléans, et la cour ne cherchait pas même à le dissimuler; mais elle se trouvait frapper aussi le frère et les neveux du roi, et leur ôtait la seule influence qu'ils pussent légalement exercer; politique aussi imprévoyante qu'étroite et mesquine ! En Angleterre, les propres fils du roi ne dédaignent pas d'assister aux débats parlementaires. C'est là, sans contredit, leur meilleure école constitutionnelle. Le plus souvent même, l'héritier présomptif de la couronne est à la tête de l'opposition ; prenant ainsi le rôle généreux de défenseur du faible et se conciliant en outre un parti qui ne peut plus être hostile qu'au ministère. Mais ces grands exemples avaient été vainement offerts aux yeux des princes émigrés ; ils n'étaient pas hommes à en profiter. La seule chose qui paraît les avoir frappés en Angleterre, c'est le pouvoir de l'aristocratie ; pouvoir monstrueux dont ils voulaient gratifier la France, ainsi que M. de Polignac en faisait dernièrement encore la naïve confidence.

Cependant les fautes immenses d'un gouvernement livré à d'incapables favoris, fautes avouées depuis par le chef de l'état lui-même, amenèrent les résultats qu'il était si facile de prévoir. Napoléon, frémissant d'indignation au spectacle de l'humiliation de cette France qu'il avait naguère élevée si haut, échappa de sa prison de l'île d'Elbe, et à la tête de quelques fidèles compagnons de sa mauvaise fortune, parut sur les côtes de la France. L'armée accueillit avec enthousiasme le grand capitaine qui tant de fois l'avait conduite à la victoire. Les habitans des campagnes, menacés du retour de la dîme et des droits féodaux par un parti qui ne dissimulait plus ses intentions, joignirent leurs acclamations à celles de l'armée. L'empereur fut porté sur leurs bras en triomphe dans la capitale, et le drapeau tricolore, pour nous servir de ses expressions, vola de clocher en clocher jusque sur les tours de Notre-Dame, sans qu'un seul coup de fusil eût été tiré pour défendre l'étendard de l'émigration. Ce n'est pas ici le lieu de retracer tout ce qu'il y eut de magique et d'entraînant dans ce retour inespéré, l'un des actes les plus merveilleux d'une vie si féconde en prodiges. Alors les princes régnans reconnurent leurs torts; mais il n'était plus temps de les réparer. Ils n'avaient pas mieux respecté leurs traités avec Napoléon que leurs engagemens envers la France; et ils s'étonnaient maintenant que Napoléon violât lui-même la foi promise, et que la France se jetât de nouveau entre ses bras! Aussi vainement Louis XVIII protesta-t-il devant les Chambres assemblées de son ardent amour pour la charte dont il se disait l'auteur, et dont les dispositions libérales étaient chaque jour méconnues par son gouvernement; vainement combla-t-il d'éloges des soldats jusqu'alors indignement outragés. On ne pouvait plus croire à ses promesses; telle était d'ailleurs la magie du nom de Napoléon, qu'elle fascinait non-seulement ses anciens serviteurs, mais les hommes même qui, plus raisonnables, eussent préféré d'abord un régime légal et tranquille aux nouvelles vicissitudes d'un pouvoir tout militaire et d'une guerre inévitable.

Le duc d'Orléans, toujours éloigné des affaires, n'avait pu en aucune manière prévenir un mal dont sa haute raison calculait avec effroi les progrès. On ne songea à lui qu'au moment du danger : mais il était trop tard. En le montrant plus tôt à l'armée comme le soldat de Jemmapes et de Valmy, et au peuple comme le représentant de la révolution, on lui eût donné une influence qui aurait pu servir à la cause royale, et de grands malheurs eussent peut-être été prévenus. Napoléon lui-même qui, par sa première abdication avait si généreusement sacrifié ses intérêts au repos de la France, n'eût certes pas songé à le troubler, si la cause de la patrie ne lui eût pas paru de nouveau liée à la sienne; et la manière dont il fut accueilli a prouvé qu'en cela il ne s'était point trompé. Néanmoins le duc d'Orléans pensa qu'il était de son honneur de suivre le sort de sa famille; il accepta donc le commandement supérieur qui lui fut confié, résolu d'en remplir fidèlement les fonctions tant qu'il n'aurait à combattre qu'un seul homme. Mais il était depuis trop peu de temps en France, et il avait vécu dans une retraite trop profonde pour que sa tardive coopération fût d'un grand secours. Le peuple et les soldats ne pouvaient voir en lui qu'un homme nouveau, se dévouant inutilement à la défense d'une cause désespérée.

Le 5 mars, il reçoit l'ordre de se rendre à Lyon où le comte d'Artois, depuis le coupable Charles X, venait d'arriver. Ils ne tardèrent pas à reconnaître l'impossibilité de défendre une ville qui se précipitait tout entière à la rencontre de l'homme à qui elle devait sa nouvelle existence. On sait qu'un seul garde national accompagna le comte d'Artois dans sa fuite. Le duc d'Orléans revint aussi à Paris, et jugeant, par l'esprit de la seconde ville du royaume, de celui du reste de la France, il ne songea plus qu'à mettre sa femme et ses enfans en sureté. Ils les fit donc aussitôt partir pour l'Angleterre ; mais sa courageuse sœur voulut rester auprès de lui jusqu'au dernier moment. Le 16 mars, il assista avec le roi et tous les princes de sa famille, à cette fameuse séance royale où Louis XVIII, en présence des deux Chambres, vint faire un appel à la générosité française, au nom de cette charte et de cette liberté qui, dans sa bouche, n'étaient plus qu'un vain mot. Dans la soirée du même jour, le duc d'Orléans, nommé commandant-général de l'armée du Nord, partit pour Lille. Le maréchal Mortier, duc de Trévise, le fit reconnaître aussitôt en cette qualité par les troupes. Accompagné de l'illustre guerrier, le prince visita les places importantes de ces frontières, Douay, Cambray, Valenciennes, s'assurant partout si elles étaient en état de défense contre l'ennemi. En même temps il exhortait les soldats à demeurer fidèles à leur drapeau, sans cependant que ses devoirs envers le roi lui fissent oublier ce qu'il devait à sa patrie. C'est ainsi que, loin de vouloir, comme l'avait fait Dumouriez, chercher un appui dans les troupes étrangères, partout il annonça que, dans aucun cas et sous aucun prétexte, elles ne seraient reçues dans les villes de son commandement. Puis il ordonna à tous les commandans de n'obtempérer à aucun ordre, à aucune réquisition tendant à les faire admettre dans les places françaises. Enfin, il mit à l'ordre du jour de l'armée, que : « quelles que « fussent les dissentions intérieures qui

« pourraient déchirer la patrie, il con-
« courrait avec elle de tout son pouvoir à
« la défense des places contre les étrangers,
« s'ils tentaient de s'en emparer ou de s'y
« introduire. »

C'était le 20 mars qu'il manifestait ces généreuses intentions ; le même jour Napoléon faisait son entrée dans la capitale, et la ville de Lille en recevait ainsi la nouvelle par le télégraphe : « L'empereur
« rentre à Paris à la tête des troupes en-
« voyées contre lui. Les autorités civiles
« et militaires ne doivent plus obéir à
« d'autres ordres que les siens, et le pa-
« villon tricolore sera sur le champ ar-
« boré. » Le duc d'Orléans continua néanmoins son inspection jusqu'à Valenciennes où il avait commandé en 1789 ; sa présence servit à maintenir la discipline parmi les troupes, jusqu'à ce qu'elles eussent reconnu le gouvernement impérial. Ayant appris que Louis XVIII allait arriver à Lille, il y retourna en toute hâte pour le recevoir. Le lendemain, 23 mars, le roi fugitif se décida à quitter la France et à se rendre à Ostende ; il partit sans laisser au peuple et

aux soldats aucune instruction. Le duc d'Orléans, abandonné à ses propres inspirations et voyant que toute résistance était inutile, ne prit le même parti qu'après en avoir informé les commandans des places sous ses ordres. Toujours guidé par son amour pour la patrie, il se contenta de leur dire :
« que le roi n'étant plus en France et lui-
« même étant dans la nécessité de quitter
« le commandement, il n'avait plus d'or-
« dres à leur transmettre en son nom ; que
« c'était à chaque commandant à faire ce
« qui lui serait dicté par le sentiment de
« ses devoirs, et qu'ils devaient considé-
« rer comme non avenus les ordres qu'il
« leur avait précédemment transmis. »
C'était, comme on le voit, reconnaître, autant qu'il était en lui, le nouvel état de choses et sacrifier courageusement ses intérêts personnels à ceux de son pays ; c'était en même temps fournir contre soi des armes au pouvoir déchu si les étrangers parvenaient encore à l'imposer à la France. En effet, le gouvernement qui succéda à celui des Cent-jours ne manqua pas de lui faire un crime de cet ordre du jour, en

prétendant qu'il déliait les officiers de leur serment de fidélité envers le roi, et qu'il était en opposition formelle avec les ordonnances rendues à Lille le 23 mars 1815. Mais, par une de ces perfidies trop ordinaires à ce gouvernement, ces ordonnances avaient été anti-datées, et le *Moniteur universel* de Gand ne les avait publiées que le 14 avril suivant. Rien cependant n'empêchait qu'elles fussent promulguées à Lille le jour dont elles portaient faussement la date. En supposant même d'ailleurs que le duc d'Orléans en eût connaissance, il devait, comme il l'a fait, préférer à des sentimens de famille ses devoirs envers la patrie.

Les généraux étaient vivement émus en se séparant d'un prince aux côtés duquel ils avaient autrefois combattu, et qui venait de leur témoigner encore des sentimens si nationaux. Certes il ne fallait rien moins que l'ascendant du nom de Napoléon et l'intérêt plus puissant encore de la patrie, pour les empêcher de suivre sa fortune. Il était lui-même profondément touché, et des larmes roulaient dans ses yeux, en s'éloignant pour la seconde fois de l'armée française. La lettre qu'il écrivit alors au duc de Trévise, peint admirablement les généreuses pensées qui l'animaient.

« Je viens, mon cher Maréchal, lui di-
« sait-il, vous remettre en entier le com-
« mandement que j'aurais été heureux
« d'exercer avec vous dans le département
« du Nord. Je suis trop bon français pour
« sacrifier les intérêts de la France, parce
« que de nouveaux malheurs me forcent
« à la quitter. Je pars pour m'ensevelir
« dans la retraite et dans l'oubli. Le roi
« n'étant plus en France, je ne puis plus
« vous transmettre d'ordres en son nom ;
« il ne me reste qu'à vous dégager de l'ob-
« servation de tous ceux que je vous avais
« transmis, et à vous recommander de
« faire tout ce que votre excellent juge-
« ment, votre patriotisme si pur vous sug-
« géreront de mieux pour les intérêts de
« la France et de plus conforme aux de-
« voirs que vous avez à remplir. Adieu,
« mon cher Maréchal, mon cœur se serre
« en vous écrivant ce mot. Conservez-moi
« votre amitié, dans quelque lieu que la

« fortune me conduise, et acceptez à ja-
« mais la mienne. Je n'oublierai jamais ce
« que j'ai vu de vous pendant le temps
« trop court que nous avons passé ensem-
« ble. J'admire votre loyauté et votre no-
« ble caractère, autant que je vous estime
« et je vous aime, et c'est de tout mon
« cœur, mon cher Maréchal, que je vous
« souhaite toute la prospérité dont vous
« êtes digne, et que j'espère encore pour
« vous. »

C'est ainsi que ce prince magnanime faisait pour la seconde fois ses adieux à une patrie qui lui était si chère, tandis que Louis XVIII et les siens allaient de nouveau soulever contre elle l'Europe en armes. Napoléon ne put refuser son admiration à un tel caractère. Quand le duc de Trévise lui communiqua cette touchante lettre : « Vous le voyez, dit-il en se tournant
« vers ses généraux, celui-là du moins, il
« reste toujours Français ! »

CHAPITRE XI.

Seconde restauration.—Le duc d'Orléans, rentré en France, s'élève en vain contre la réaction de 1815; il retourne en Angleterre et ne revient se fixer en France qu'après l'ordonnance du 5 septembre 1816.

Le duc d'Orléans alla rejoindre sa famille en Angleterre, et se retira de nouveau avec elle à Twickenham, au lieu où il avait passé dans la douce société de ses deux frères plusieurs années de son premier exil. Il y vécut dans la retraite la plus profonde, résistant avec le même courage aux offres de la nouvelle émigration, et quoiqu'il dût en souffrir lui-même, faisant les vœux les plus ardens pour le succès des armes françaises.

Le génie de Napoléon semblait alors se multiplier pour faire face à ses innombrables ennemis. Son infatigable activité pourvoyait à tout, et se communiquant à la France entière, l'animait d'une vie, d'une ardeur nouvelle. En moins de trois mois, des préparatifs immenses avaient été achevés et une armée de cent mille hommes était envoyée sur les frontières du Nord, menacées par les forces d'une coalition plus redoutable encore que celle de Pilnitz. Hélas! le succès ne répondit point à ces généreux efforts. Trompé par un faux espoir de paix, ou plutôt, désirant donner aux souverains alliés l'exemple d'une modération qu'ils étaient incapables d'apprécier, Napoléon s'arrêta aux portes de la Belgique; résistant, comme on le fait aujourd'hui, aux vœux d'un peuple qui lui tendait les bras.... et c'est dans les plaines de la Belgique que devait se consommer sa dernière et irréparable chute. Tout ce que peuvent enfanter de prodiges l'enthousiasme et le courage vint se briser contre l'inexorable fatalité; et l'homme du destin vaincu de nouveau, mais non dompté, alla, prisonnier de l'Europe, solitairement terminer sur un rocher, au milieu des mers, à dix-huit cents lieues de la patrie, sa grande et malheureuse existence.

La bataille de Waterloo rouvrit aux étrangers les portes de la France. Les Bourbons reparurent à leur suite, spectateurs impuissans du morcellement de leur couronne. Pour en conserver quelques débris, ils se laissèrent imposer l'odieux traité de novembre 1815, cette *halte dans la boue*, comme l'a si bien appelé le général Lamarque, traité qui livrait à l'étranger deux milliards, une partie de notre territoire, presque tout le matériel de nos places fortes, qui consacrait la honteuse démolition d'Huningue et l'occupation pendant cinq années du sol français par les troupes ennemies ; traité si déshonorant, en un mot, que M. de Talleyrand ne voulut pas y apposer sa signature ! Voilà ce qu'arrachaient à la faiblesse du gouvernement légitime les rois, ses alliés, qui prétendaient n'être venus faire la guerre qu'à un seul homme ! Et voilà ce qu'aujourd'hui encore on voudrait nous faire respecter !

Il existait cependant pour la seconde restauration un moyen de faire pardonner sa nouvelle invasion à la suite des baïonnettes étrangères ; c'était de reconnaître franchement les principes et les couleurs de la révolution. Napoléon une fois tombé et la France envahie, on se fût rallié avec moins de répugnance à un gouvernement qui eût donné à l'opinion cette satisfaction nécessaire. Tout vainqueurs qu'ils étaient, les rois étrangers eux-mêmes, que la nouvelle levée de boucliers avait fait chanceler sur leurs trônes, favorisaient ce mouvement libéral, seul gage assuré du repos de leurs états comme de la tranquillité future de la France. L'Angleterre insistait surtout pour la reconnaissance pleine et entière de l'emblême national. Elle força du moins Louis XVIII à admettre dans ses conseils Talleyrand et Fouché, ces deux grandes personnifications de la révolution ; mais ils se virent bientôt forcés de s'éloigner des affaires pour faire place aux hommes de la réaction.

Le duc d'Orléans rentra à Paris sur la fin de juillet et fit lever le séquestre que Napoléon avait fait apposer sur ses propriétés comme sur tous les biens nationaux non vendus que la restauration avait rendus à leurs anciens possesseurs. On dit qu'après la seconde abdication de l'empereur, le gouvernement provisoire lui offrit la couronne que la branche aînée de sa famille s'était rendue si indigne de porter. On ajoute même que l'Angleterre, d'accord en cela avec les patriotes français, et ne trouvant pas assez de garantie pour le maintien de la paix européenne dans le retour d'un gouvernement qui avait montré tant d'incapacité et de perfidie, s'offrait de faire reconnaître ce choix par les souverains alliés. Certes, il eût aussi obtenu la sanction du peuple et de cette brave armée qui venait de rougir encore de son sang les couleurs chéries sous lesquelles elle avait tant de fois marché à la victoire. Mais le duc d'Orléans craignit de jeter un nouveau germe de discorde au milieu d'une nation déjà tant divisée; peut-être aussi fut-il retenu par des considérations de famille qu'on ne saurait blâmer. Il rejeta donc toutes les propositions qui pouvaient le faire sortir de la condition privée où l'enfermaient ses modestes désirs, et dont il ne fallait rien moins, pour le tirer, que les circonstances impérieuses où se trouva placée la France. Toujours fidèle à ce système de généreuse modération, il ne craignit pas de blâmer ouvertement un pouvoir qui semblait prendre à tâche de rappeler toujours sa funeste origine. Mais, voyant que toutes ses représentations ne servaient qu'à le rendre plus suspect, et ne pouvant supporter plus long-temps le tableau de cette hideuse réaction, il prit le parti de retourner en Angleterre et d'y attendre des jours plus heureux pour son pays.

A peine le prince avait-il quitté le continent, qu'une ordonnance de Louis XVIII autorisa les princes à prendre séance dans la Chambre des pairs. Le but de cette mesure était d'imposer à la chambre par la présence des princes, et de la rendre ainsi plus docile aux intentions tyranniques du pouvoir. On espérait aussi que M. le duc d'Orléans, alors absent et craignant pour lui-même, ne pourrait profiter du bienfait de l'ordonnance. Ce prince en effet était plus que jamais en butte à tous les traits, à toutes les insinuations perfides du parti réactionnaire. A la cour, dans les salons, sur les journaux, dans les brochures royalistes, on le proclamait chaque jour l'espoir et le soutien des rebelles, le fauteur de toutes les conspirations faites et à faire, le complice même du gouvernement des Cent-jours qui lui avait fermé les portes de la France. En conséquence, on ne parlait rien moins que de l'arrêter et de lui faire son procès, comme on le faisait alors à ce qu'on appelait de grands criminels. Mais le duc d'Orléans brava ces menaces insensées et n'hésita pas à revenir à Paris, dès qu'il sentit que sa présence à la Chambre des pairs pouvait servir à contrebalancer l'influence de la faction qui opprimait la patrie.

Une occasion solennelle lui fut bientôt offerte de manifester ses véritables sentimens. On était à la fin de septembre 1815; le ministère de Talleyrand et de Fouché venait d'être dissous et remplacé par celui du duc de Richelieu. Une Chambre nouvelle, nommée sous la pointe des baïonnettes étrangères, ardente de royalisme et de vengeance, avait été convoquée. Non contens de l'avoir nommée, les colléges électoraux, poursuivant leur système de réaction, envoyèrent de toutes parts au roi des adresses dans la plupart desquelles on demandait à grands cris *l'épuration des administrations et le châtiment des coupables.* Or, on sait ce qu'on entendait par ces mots *épuration et châtiment ; la destitution et la mort,* voilà ce qu'on pouvait lire en toutes lettres sur le frontiscipe de la Chambre des députés. La Chambre des pairs *épurée,* c'est-à-dire, privée de presque tous les soutiens de la liberté, remplacés par les hommes de la sainte alliance et de l'émigration, prit en considération ces vœux barbares. Un vif débat s'engagea néanmoins à ce sujet dans la séance du 13 octobre. Il y avait encore là quelques hommes libéraux qui combattirent de tout leur pouvoir le sytème des épurations et des catégories. MM. Barbé-Marbois, de Broglie, de Tracy et le courageux Lanjuinais se firent remarquer surtout par leur généreuse opposition. Cependant la majorité de la Chambre paraissant d'un avis contraire, M. le duc d'Orléans se leva et mêlant sa voix à celles des pairs indépendans :

« Ce que je viens d'entendre, dit-il,
« achève de me confirmer dans l'opinion
« qu'il convient de proposer à la Chambre

« un parti plus décisif que les amende-
« mens qui lui ont été soumis par les op-
« posans. Je propose donc la suppression
« totale du paragraphe. Laissons au roi le
« soin de prendre constitutionnellement
« les précautions nécessaires au maintien
« de l'ordre public, et ne formons pas des
« demandes dont la malveillance se ferait
« peut-être des armes pour troubler la
« tranquillité de l'état. Notre qualité de
« juges éventuels des hommes envers les-
« quels on recommande plus de justice
« que de clémence, nous impose un silence
« absolu à cet égard. Toute énonciation
« antérieure d'opinion me paraît une vé-
« ritable prévarication dans l'exercice de
« nos fonctions judiciaires, en nous ren-
« dant à la fois accusateurs et juges. »

On ne pouvait protester d'une manière plus formelle contre l'iniquité et la barbarie de la mesure proposée. Aussi ce discours fit-il dans la Chambre la plus vive sensation. *Appuyé! Appuyé! La question préalable sur la proposition!* s'écrièrent tous les pairs qui avaient encore quelques sentimens de justice et d'humanité dans le cœur. Néanmoins, lorsqu'on alla aux voix, la majorité de la Chambre l'emporta. Les ministres eux-mêmes, qui avaient paru accueillir avec faveur les paroles du prince citoyen, cédant en cette circonstance, comme ils le firent trop souvent, à des volontés supérieures qu'ils regardaient comme sacrées, se laissèrent entraîner par le plus grand nombre. Mais ce discours produisit un tel effet dans le public, que le gouvernement en fit défendre l'impression par la censure, et révoqua aussitôt l'ordonnance qui permettait aux princes d'assister aux débats de la Chambre des pairs. Il y avait en effet un contraste trop frappant entre l'homme généreux venant protester, à la face de la France, contre les excès des factions, et ceux qui, plus rapprochés encore du trône, n'élevaient la voix que pour des mesures de rigueur. On prétendit même que le duc d'Orléans reçut de la cour l'ordre formel de quitter la France; mais il n'était pas homme à céder à un ordre arbitraire, et les temps, si mauvais qu'ils fussent alors, n'étaient plus où il suffisait d'une simple invitation du roi pour prononcer l'exil d'un prince du sang. Le duc d'Orléans ne tarda pas en effet à retourner en Angleterre, où il avait laissé sa famille ; mais il ne partit qu'après avoir été convaincu de nouveau de l'inutilité de ses efforts contre les fureurs du parti dominant, et pour s'épargner le triste spectacle des malheurs qu'il ne pouvait prévenir ni arrêter.

Forte de la complicité des Chambres et de la faiblesse du ministère, la terreur de de 1815 suivait alors le cours de son affreux triomphe. Alors la brave armée de la Loire avait été licenciée, et les troupes étrangères pesaient seules de tout leur poids sur le sol de la patrie ; nos places, nos trésors leur étaient livrés et le peuple surchargé d'impôts pour rassasier leur insatiable avidité. Alors le sang du maréchal Ney et du jeune Labedoyère coulait sur l'échafaud ; Mouton-Duvernet était fusillé à Lyon entre quatre murailles ; les Trestaillons égorgeaient impunément les protestans du Midi; et, furieuse de ce qu'une noble victime lui eût échappé, la Chambre des députés n'avait pas honte de traduire à sa barre Mme de la Valette, pour lui demander raison de son héroïque dévouement. Alors était organisé le système des catégories inventé par M. de la Bourdonnaie ; catégories qui pouvaient se réduire à deux : celle des fidèles, des purs, des hommes de Coblentz et de Gand, comblés d'honneurs et de richesses et appelés à tous les emplois, et l'innombrable classe des révoltés, des traîtres, des brigands de Waterloo, qui devait prodiguer pour l'autre ses sueurs et son sang. Alors la presse était esclave, toute voix généreuse étouffée, la police faisait des conspirations ; Lyon et Grenoble voyaient tomber sur l'échafaud la tête des innocens : et si, plus clémente que les magistrats, l'autorité militaire demandait la grâce de quelques victimes : TUEZ-LES ! leur répondait avec un effroyable laconisme le télégraphe dirigé par un ministre dont nous voulons bien ne pas rappeler le nom ; et l'ordre homicide était aussitôt exécuté !

Voilà ce que nous a valu le second retour de Louis XVIII et de sa famille. Ainsi la France a versé le plus pur de son sang, a épuisé toutes les richesses de son sol pour alimenter cette nouvelle restauration. Et encore, ô épouvantable ironie! c'était au nom de la clémence royale qu'on organisait la terreur, qu'on dressait les échafauds, qu'on formait les catégories! La Convention fut atroce, sans doute, et certes ce n'est pas nous qui entreprendrons de la justifier, bien que la gravité des circonstances puisse faire pardonner à quelques-unes de ses rigueurs; mais, du moins, elle ne fut point perfide. En tête de tous ses actes, sur le frontispice des édifices publics, elle écrivait franchement : la *Liberté* ou la *Mort.* Cette terrible inscription en disait assez. Quelle différence d'ailleurs ne devait-il pas exister dans les actes comme dans la position d'un pouvoir ayant à lutter à la fois contre les factions intérieures et contre l'Europe en armes, tandis que le gouvernement, prétendu légitime, avait pour faire appuyer ses mesures cinq cent mille baïonnettes étrangères à sa disposition, et ne pouvait trouver de sérieuse résistance dans un peuple accablé de lassitude et ne soupirant qu'après le repos! Si cependant l'opinion de ce peuple était telle qu'elle ne pût être comprimée que par des moyens de terreur, on ne sait alors comment caractériser ceux qui voulaient le gouverner à ce prix.

Tant d'excès cependant devaient avoir leur terme; la France ne pouvait plus long-temps les supporter. La révolution avait jeté dans son sein des racines trop profondes pour qu'elle s'en laissât ainsi ravir tous les fruits. Napoléon lui-même expiait alors dans les fers le tort d'avoir méconnu le principe qui l'avait élevé sur le trône. L'opinion publique protesta bientôt avec énergie contre une terreur que rien ne justifiait ; de courageux écrivains réclamèrent les droits de l'homme et du citoyen, indignement foulés aux pieds. Chaque jour aussi l'occupation étrangère devenait plus odieuse aux départemens condamnés à la subir. Les armes frémissaient déjà dans les mains des patriotes; il ne fallait qu'un coup d'audace ou de désespoir pour les précipiter à la ruine du pouvoir oppresseur. Alors une véritable révolution eût éclaté et l'on eût vu de quel côté se trouvait la force et le droit. Le ministre qui dirigeait le conseil de Louis XVIII eut le bon esprit de le sentir, et l'ordonnance du 5 septembre 1816 prononça la dissolution de la chambre *introuvable*, ainsi s'était-elle désignée elle-même : introuvable, en effet, nous aimons à le croire pour l'honneur de la France.

A l'ouverture de la session nouvelle, le roi autorisa de nouveau les princes à siéger dans la Chambre des pairs ; mais il limita expressément cette autorisation à ceux d'entre eux *qui étaient actuellement en France*, excluant formellement par là le duc d'Orléans qui était encore en Angleterre. On voit que, si le gouvernement était devenu plus libéral, la cour n'avait rien perdu de ses défiances et de ses haines. Ce prince ne rentra dans sa patrie que vers les premiers jours de 1817, au moment où elle commençait à peine à ressentir les bienfaits de l'ordonnance du 5 septembre ; il se disposait à user du droit le plus précieux de son rang, celui de faire entendre à la Chambre des pairs les plaintes du peuple et de défendre ses intérêts auprès du trône ; mais c'était se flatter d'une vaine espérance. L'autorisation nécessaire n'ayant pas été renouvelée pour les sessions suivantes, se trouva révoquée de plein droit. Privé ainsi de toute influence dans les affaires, le duc d'Orléans rentra modestement dans la vie privée, se réservant d'apaiser par des bienfaits les plaintes qu'il ne pouvait prévenir par des conseils.

CHAPITRE XII.

Portrait de Louis-Philippe par Paul-Louis Courrier.---Détails sur sa vie privée.---Éducation de ses enfans.---Tableau de sa famille.

« J'aime le duc d'Orléans, parce que, étant
« né prince, il daigne être honnête homme.
« Du moins, n'entends-je pas dire qu'il
« attrape les gens. Nous n'avons, il est vrai,
« aucune affaire ensemble, ni pacte, ni
« contrat. Il ne m'a rien promis, rien juré
« devant Dieu ; mais, le cas avenant, je
« me fierais à lui. Lui et moi, nous n'au-
« rions, m'est avis, nulle peine à nous ac-
« commoder, et l'accord fait, je pense qu'il
« le tiendrait sans fraude, sans chicane,
« sans noise, sans en délibérer avec de
« vieux voisins, gentilshommes et autres,
« qui ne me veulent pas de bien, ni en
« consulter les Jésuites. Voici ce qui me
« donne de lui cette opinion. Il est de
« notre temps, de ce siècle-ci, non de
« l'autre, ayant peu vu, je crois, ce qu'on
« nomme ancien régime. Il a fait la guerre

« avec nous, d'où vient, dit-on, qu'il n'a
« pas peur des sous-officiers ; et depuis
« émigré, malgré lui, jamais ne la fit contre
« nous, sachant trop ce qu'il devait à la
« terre natale, et qu'on ne peut avoir rai-
« son contre son pays. Il sait cela et
« d'autres choses qui ne s'apprennent
« guère dans le rang où il est. Son bon-
« heur a voulu qu'il en ait pu descendre,
« et jeune, vivre comme nous. De prince
« il s'est fait homme. En France, il com-
« battait nos communs ennemis ; hors de
« France, les sciences occupaient son loi-
« sir. De lui n'a pu se dire le mot : rien
« oublié, ni rien appris. Les étrangers
« l'ont vu s'instruire, et non mendier. Il
« n'a point prié Pitt ni supplié Cobourg
« de ravager nos champs, de brûler nos
« villages, pour venger les châteaux ; de
« retour, n'a point fondé des messes, des
« séminaires, ni doté des couvens à nos
« dépens ; mais sage dans sa vie, dans ses
« mœurs, donné un exemple qui prêche
« mieux que les missionnaires. Bref, c'est
« un homme de bien. Je voudrais, quant
« à moi, que tous les princes lui ressem-

« blassent. Aucun d'eux n'y perdrait et
« nous y gagnerions tous ; ou je voudrais
« qu'il fût maire de la commune. Il apai-
« serait bien des choses, non seulement
« par cette sagesse que Dieu a mise en lui,
« mais par une vertu non moins consi-
« dérable et trop peu célébrée ; c'est son
« économie : qualité bourgeoise, si l'on
« veut, que la cour abhorre dans un prince,
« qui n'est pas matière d'éloge académique
« ni d'oraison funèbre, mais pour nous si
« précieuse, pour nous administrés, si
« belle dans un maire, si...... comment
« dirai-je ? divine, qu'avec celle-là, je le
« tiendrais quitte de toutes les autres. »

(PAUL-LOUIS COURRIER. *Pamphlets politiques.*)

C'est ainsi qu'avec toute l'indépendance de son caractère et l'originalité de son esprit, s'exprimait en 1822, sur le compte du duc d'Orléans, un écrivain dont les lettres déplorent la perte récente et tragique, et que, certes, on ne saurait accuser de flatterie ; organe en cela des sentimens et des vœux de la France entière. Telle est en effet la grande esquisse du tableau qu'offre la vie de ce prince ; ainsi dans sa jeunesse, dans un âge plus avancé, au milieu des plus cruelles vicissitudes, des plus sanglantes réactions, dans la bonne comme dans la mauvaise fortune, on l'a vu fidèle à sa patrie, à ses devoirs d'honnête homme et de citoyen, conséquent aux principes de modération et de justice dont sa raison éclairée lui avait appris de bonne heure à faire la règle de sa conduite. Ainsi dans sa plus grande humiliation, la France tournait avec confiance ses yeux vers lui comme vers son sauveur et le régénérateur de sa gloire. La providence elle-même, en frappant de stérilité la branche aînée de sa famille, tandis qu'elle multipliait autour de lui tant de nobles rejetons, semblait le désigner comme le digne successeur du trône de Henri IV. Aussi l'aspect de cette riche postérité produisait-il toujours sur l'esprit du peuple la plus vive impression ; depuis long-temps un silence glacial, cette grande leçon des rois, accueillait des princes qui affectaient de devenir chaque jour plus étrangers au pays qu'ils gouvernaient ; mais des murmures flatteurs, des témoignages de satisfaction les moins équivoques accompagnaient partout le père, la mère et les beaux enfans qui s'offraient à tous les yeux comme le plus cher espoir de la patrie. Certes, il ne tenait qu'au duc d'Orléans d'être porté plutôt sur le pavois populaire, s'il eût été mu par les principes d'une ambition, que le succès justifie, quand elle ne peut tourner qu'au profit du bien public. Nous avons dit les offres qui lui avaient été faites en 1815; depuis, des propositions semblables lui furent plusieurs fois renouvelées; mais il les rejeta toujours : tant il redoutait jusqu'à l'apparence d'une révolution qui pouvait compromettre la tranquillité de la France ! La cour néanmoins ne lui sut aucun gré de cette modération et le traita toujours en ennemi, bien qu'extérieurement elle affectât de lui prodiguer des démonstrations d'affection et de confiance ; mais ces fausses apparences ne trompaient personne, ni le prince, ni encore moins le public.

Satisfait de marcher dans la ligne du devoir, le duc d'Orléans s'inquiétait d'ailleurs fort peu de ce que pouvaient penser de lui les gens de cour; l'opinion le dédommageait amplement des tracasseries qu'il éprouvait ailleurs. Loin même de chercher à dissimuler ses véritables sentimens, il saisissait avec empressement les occasions qui lui étaient offertes de les manifester. C'est ainsi que nous l'avons vu deux fois revenir en toute hâte d'Angleterre, dans l'espoir que sa voix serait entendue à la tribune de la Chambre des pairs. Les victimes de la réaction trouvèrent toujours en lui aide et protection. En 1815, Mme la maréchale Ney n'hésita pas de s'adresser à lui pour qu'il sollicitât la grâce de son malheureux époux ; il le fit de la manière la plus pressante ; mais les instances du prince, comme les larmes de l'épouse, vinrent échouer contre l'inflexible opiniâtreté d'un pouvoir implacable. Ce fut avec aussi peu de succès que, plus tard, il intervint en faveur de Berton et de ses prétendus complices, poussés par la police dans la prétendue conspiration de Thouars. On lui fit même un crime de cette humaine intercession, si contraire à l'esprit qui animait alors les princes ses

parens, et peu s'en fallut qu'on ne le mît aussi au nombre des conjurés. Toutes les causes généreuses l'eurent pour patron. Il souscrivit pour le monument à élever au général Foy, cet intrépide et éloquent défenseur de la patrie, et donna cent mille francs pour les Grecs, que la diplomatie européenne abandonnait à la légitimité du Sultan. Voilà la seule influence qu'il lui fût alors permis d'exercer dans les affaires ; ainsi, toujours le même, il suivait la marche progressive de son siècle, contre laquelle un pouvoir ignorant essayait vainement d'opposer des barrières. Aussi la cour le craignait ; et lui supposant les pensées hostiles dont elle était remplie à son égard, elle voyait un calcul de politique dans ce qui n'était en lui que la simple expression d'un sentiment noble et généreux. On tenta plusieurs fois de l'éloigner de Paris ; mais le prince résista toujours. Un jour entr'autres (c'était à l'époque de la dernière guerre d'Espagne, contre l'injustice de laquelle il s'était franchement prononcé), Louis XVIII l'interpellant tout à coup:
« M. le duc d'Orléans, vous allez donc

» en Italie ? — Non pas, Sire, que je sache !
» — Mon dieu si, vous y allez ; c'est moi
» qui vous le dis ; vous m'entendez bien.
» — Non, Sire, je n'entends point, et je
» ne quitte la France que quand je ne puis
« faire autrement. »

Ainsi, forcément éloigné de la scène politique, les douces habitudes de la vie privée, les soins de sa famille, la sage gestion de sa fortune, la jouissance éclairée des arts remplissaient tous ses jours. Les savans, les poètes, les artistes, tous les hommes distingués par leurs talens, à quelque pays qu'ils appartinssent, étaient assurés de trouver auprès de lui un bienveillant et affectueux accueil. Il aimait à reconnaître envers eux les consolations qu'au milieu de ses plus grandes infortunes lui avait procurées la culture des lettres. Les injustices du pouvoir atteignaient-elles quelqu'un d'entre eux ? c'est lui qui se chargeait du soin de les réparer. On sait que M. Casimir Lavigne, brutalement destitué par le ministre Peyronnet d'une modique place de bibliothécaire à la chancellerie, trouva aussitôt dans la bibliothèque du duc d'Orléans un emploi supérieur à celui qu'il avait perdu. Plusieurs des tableaux de notre grand peintre Horace Vernet ayant été exclus de l'exposition du Musée, parce qu'ils retraçaient les hauts faits d'armes de la révolution et de l'empire, le prince en fit le plus bel ornement de sa galerie, où figurent la plupart des chefs-d'œuvre de l'école moderne. Le peintre reconnaissant a surtout pris plaisir à reproduire sur la toile les actions où avait brillé le jeune courage de son généreux protecteur. Tous les artistes se montraient également disposés à lui être agréables; car il savait s'en faire aimer, moins par le prix élevé qu'il attachait à leurs productions, que par ces paroles flatteuses qui prouvent qu'on sent tout le mérite d'un bon ouvrage, et qui en sont pour l'auteur la plus douce récompense.

Simple dans ses goûts, ennemi de toute dépense inutile, il était cependant libéral et même magnifique au besoin. On a vu le bel éloge que lui a mérité la vertu que Paul-Louis Courrier appelle *divine* dans un prince, et qui rend encore si chère au peuple la mémoire de Louis XII. Cet esprit d'ordre et d'économie est en effet pour la nation la meilleure garantie qu'elle ne sera point surchargée d'impôts pour satisfaire aux folles profusions ou aux caprices ruineux de son roi. Ainsi l'on peut espérer qu'il sera mis enfin un terme à ces iniques prodigalités, dont la sueur du pauvre alimente le luxe du riche courtisan, et telles qu'en ont faites ces princes qui, après avoir dévoré six cents millions en quinze années de règne, laissent encore à la France la charge de payer les funérailles de l'un et le sacre de l'autre. Le duc d'Orléans possédait, il est vrai, un patrimoine considérable ; mais il le trouva embarrassé de procès et de dettes contractées par son père. Les procès furent terminés par des arrangemens, et il fit honneur aux dettes, en réduisant néanmoins à leur juste valeur des prétentions exagérées. Une famille nombreuse à établir d'une manière conforme à son rang, impose à celui qui en est le chef les devoirs d'un administrateur prudent et éclairé. Ces devoirs ont été constamment remplis, sans que ceux de la bienfaisance aient été négligés. Le prodigue jette au hasard ses dons ; l'homme vraiment libéral les dispense avec discernement. Ainsi les secours abondans du prince économe allaient soulager le pauvre honteux, le mérite qui rougit et se cache, plutôt que de tendre une main suppliante. Sa vertueuse épouse, ses belles demoiselles s'associèrent à ces œuvres pieuses, dont une délicate discrétion voilait aux yeux le bienfaisant mystère. Comme prince, il savait aussi déployer de la magnificence dans les occasions où il fallait paraître dans l'éclat de sa dignité. Ceux qui fréquentent les cours diront combien celle du Palais-Royal se distinguait des autres par la grâce exquise des maîtres de la maison, par cette politesse affectueuse qui ne fait aucune acception des personnes. Ce n'était point, comme ailleurs, une coterie où les gens de haut lieu sont les seuls admis ; on y voyait figurer des savans, des artistes, des étrangers de marque, et même les membres les plus distingués de l'opposition, qui là, du moins, apprenaient à se réconcilier avec la grandeur modeste et la richesse sans ostentation. Tel fut le beau spectacle qu'offrit la fête brillante et de si bon goût par laquelle le duc d'Orléans célébra la visite du roi de Naples, son beau-père, peu de temps avant les grands événemens qui le portèrent sur le trône.

La mort de Mme la duchesse douairière d'Orléans, sa respectable mère, éprouvée par de si cruelles douleurs, vint seule troubler le bonheur paisible dont jouissait ce prince au milieu de sa famille. Il perdit aussi Mme la duchesse de Bourbon, sa tante, celle qui avait partagé quelque temps avec ses frères l'affreuse captivité du fort St.-Jean. Les dernières années de ces deux princesses furent marquées par de nombreux bienfaits, et par l'établissement de plusieurs maisons de charité. Mme la duchesse de Bourbon fonda entr'autres, sous le nom de l'infortuné duc d'Enguien, ce fils qu'elle a long-temps pleuré, un hospice où l'indigence trouve un asile et les soins les plus généreux. A sa mort elle en légua l'entretien à Mlle Adélaïde d'Orléans, bien digne en effet de recueillir et d'accroître un pareil héritage.

M. le duc d'Orléans était arrivé en France

avec trois enfans, les premiers fruits de son heureuse union avec Marie-Amélie de Sicile. Depuis cette époque, six nouveaux rejetons, dont un seul, le comte de Beaujolais, a été ravi à l'amour de ses parens, sont venus augmenter cette belle famille. Le père appliqua tous ses soins à leur éducation, convaincu que c'est là le premier devoir de la paternité, dans quelque position où elle soit placée. Il ne se contenta pas de mettre auprès de ses fils des gouverneurs non moins recommandables par leurs lumières que par leur moralité. Il voulut qu'ils se fissent hommes comme lui, et aux bienfaits de l'instruction particulière joignit ceux de l'éducation publique, la meilleure de toutes sans contredit, surtout pour des princes. M. le duc de Chartres suivit le premier de bonne heure les cours du collége de Henri IV; autant en fit le duc de Nemours qui, tout roi de Belgique qu'il vient d'être nommé, est encore assis sur les bancs du même collége, confondu avec les autres écoliers, parmi lesquels son frère et lui se sont acquis la réputation de *bons enfans;* c'est, comme on le sait, le plus bel éloge que des écoliers puissent faire de leurs camarades. De leur côté, les jeunes princesses sont élevées sous l'aile de la plus tendre des mères qui, en même temps qu'elle prend soin d'orner leur esprit des talens propres à leur sexe, leur enseigne, par son exemple, à unir à la pratique de toutes les vertus la grâce et la bonté, qui seules font aimer la puissance. Nous croyons devoir placer ici la liste de cette royale famille qui offre à la France tant de garanties d'ordre et de prospérité.

Louis-Philippe Ier, Roi des Français, né le 6 octobre 1773, marié à Palerme le 25 novembre 1809 à

Marie-Amélie, Princesse des Deux-Siciles, née le 26 avril 1782, reine des Français. De ce mariage sont issus :

1.° Ferdinand-Philippe-Louis-Charles-Henry-Rosselin d'Orléans, duc de Chartres, aujourd'hui duc d'Orléans, né à Palerme, le 3 septembre 1810.

2.° Louis-Charles-Philippe-Raphaël d'Orléans, duc de Nemours, né à Paris, le 25 octobre 1814.

3.° François-Ferdinand-Philippe-Louis-Marie d'Orléans, prince de Joinville, né à Neuilly, le 14 août 1818.

4.° Hénri-Eugène-Philippe-Louis d'Orléans, duc d'Aumale, né à Paris, le 16 janvier 1822.

5.° Antoine-Marie-Philippe-Louis d'Orléans, duc de Montpensier, né à Neuilly, le 5 juillet 1824.

6.° Louise-Marie-Thérèse-Caroline-Elisabeth, Mademoiselle d'Orléans, née à Palerme, le 3 avril 1812.

7.° Marie-Christine-Caroline-Adélaïde-Françoise-Léopoldine, Mademoiselle de Valois, née à Palerme, le 12 mars 1813.

8.° Marie-Clémentine-Caroline-Léopoldine-Clotilde d'Orléans, Mademoiselle de Beaujolais, née à Neuilly, le 3 juin 1817.

Louise-Marie-Adélaïde-Eugénie, Mademoiselle d'Orléans, sœur du Roi, née le 23 août 1777.

CHAPITRE XIII.

Révolution de juillet; ses causes; journées des 27, 28 et 29. — Le duc d'Orléans est proclamé lieutenant-général du royaume.

CHARLES X avait succédé à Louis XVIII. Son avénement, marqué par l'abolition de la censure, avait été accueilli par d'unanimes acclamations. Joyeux de recouvrer la plus précieuse de ses libertés, le peuple français, avec sa généreuse confiance ordinaire, semblait avoir oublié que son nouveau roi était ce même comte d'Artois, l'impitoyable ennemi des plus sages réformes de 1789, l'auteur de l'émigration de Coblentz, le chef occulte de la tyrannie réactionnaire de 1815. Mais l'illusion fut courte, et les actes de Charles X vinrent justifier tous les antécédens du comte d'Artois. Trois mois s'écoulaient à peine, et déjà la censure était rétablie. Ce n'était point encore assez. Fort de la complicité d'une Chambre vénale, bientôt le ministère faisait adopter par elle, et l'odieuse *loi d'amour* destinée à rendre à jamais la presse esclave, et la loi plus absurde encore ressuscitant l'inhumain droit d'aînesse. La Chambre des pairs refusait-elle courageusement sa sanction à des actes si contraires à l'esprit du pacte fondamental ? une nouvelle fournée de quatre-vingts membres y créait une majorité selon le cœur du Roi. La garde nationale exprimait-elle, par ses acclamations, sa joie du retrait des deux lois inhumaines ? elle était brutalement licenciée. Le peuple de Paris témoignait-il les mêmes sentimens par des illuminations ? on le fusillait sans pitié dans la rue St.-Denis, en attendant qu'on le mitraillât dans tous les quartiers de la capitale. Mais, d'un autre côté, ces mesures sanglantes, ces abominables illégalités, en montrant à la France tout ce qu'elle avait désormais à attendre de son gouvernement, accrurent et fortifièrent dans son sein cette opposition nationale qui, plus tard, devait éclater d'une manière si terrible contre le pouvoir oppresseur. Ce n'était plus seulement parmi les partisans de la révolution et du grand homme qui s'en était constitué l'héritier, mais parmi ses amis les plus dévoués, parmi les compagnons même de son exil, que le prince régnant trouvait des ennemis d'une politique non moins contraire à ses véritables intérêts qu'à ceux de la nation. Chose étrange, et qui prouverait seule l'immense progrès des idées constitutionnelles! Une opposition royaliste s'était formée contre le pouvoir royal, et cette opposition comptait dans ses rangs les Châteaubriand, les Hyde de Neuville, les Bertin-Devaux, les Royer-Collard, c'est-à-dire, les hommes qui avaient donné le plus de gages de leur attachement à l'ancienne monarchie, et à qui certes on ne pouvait supposer le dessein de la détruire.

Tant d'éclatantes manifestations de l'esprit public devaient sans doute éloigner le monarque d'un abîme où l'on pouvait croire qu'il se laissait entraîner par d'ignorans conseillers; mais les événemens ont prouvé que ceux-ci n'étaient que les dociles exécuteurs de ses œuvres. Ce beau système de gouvernement était le fruit des méditations de Charles X, vu et approuvé par son fils; et tous deux avaient cette tenace opiniâtreté, propre aux petits esprits, qu'ils prennent si facilement pour de la fermeté, et qui les rend sourds et aveugles à tout ce qui contrarie leurs desseins. Tout néanmoins semblait annoncer que ce misérable entêtement céderait enfin à la force des circonstances. L'opinion des départemens n'était pas moins hostile au ministère que celle de la capitale ; chaque nouveau député nommé par eux, allait s'asseoir sur les bancs de l'opposition ; les trois cents mandataires ministériels diminuaient à vue d'œil ; enfin les pouvoirs de la Chambre septennale allaient expirer dans deux ans. M. de Villèle, le chef astucieux du conseil, prévit facilement qu'à cette époque le pouvoir lui échapperait aussi à jamais avec la majorité, et prit, en conséquence, le parti hardi de dissoudre la chambre dévouée. Toutes les ruses de son esprit, tous les moyens de corruption, toutes les fraudes imaginables furent alors épuisés pour obtenir des élections favorables, mais en vain. La Chambre lui revint ennemie ; et trop habile pour tenter même une inutile épreuve, il se retira devant elle. Une nouvelle administration fut formée sous ces heureux auspices. L'honorable M. de Martignac, qui en était le chef, fit du moins quelques efforts pour réparer le mal causé par l'administration précédente. La France ne doit pas oublier qu'elle lui doit la loi proclamant l'abolition perpétuelle de la censure, et cette autre loi, non moins utile, destinée à mettre un terme aux scandales des fraudes électorales. Mais, combattu sans cesse par des influences de cour, trop docile à ces suggestions auxquelles il paraît si difficile de résister, le nouveau ministère ne fit que la moitié du bien qu'il voulait faire, et souleva contre lui le parti monarchique sans contenter entièrement l'opinion libérale. Placé dèslors dans une position neutre, il n'obtint à la Chambre qu'une majorité douteuse, toujours prête à lui échapper, tandis qu'avec une marche plus franche et plus décidée, il eût rallié à lui une majorité si forte, que jamais on n'eût tenté de la briser. Cependant les exigences de cour devinrent telles, que, pour des hommes d'honneur professant des doctrines contraires, il devenait impossible d'y satisfaire. Alors parut l'ordonnance du 8 août 1829, et MM. de Polignac et Labourdonnaie furent mis à la tête de nos affaires.

Ces deux noms seuls en disaient assez. On ne pouvait braver plus insolemment l'opinion du pays, et montrer ses intentions plus à découvert. Aussi, dès ce moment, la France se tint prête à tout, et le bruit des coups d'état acquit plus de consistance que jamais. Cependant le nouveau ministère, tout en proclamant le fameux mot : *plus de concessions,* déclara en même temps qu'il voulait rester dans les voies légales, et tenta d'abord l'épreuve des Chambres. Charles X ouvrit la session de 1829, la dernière à laquelle il devait présider. Son discours ne fut que l'expression trop fidèle de la pensée de ses ministres. Dans une adresse à la fois ferme et respectueuse, 221 députés protestèrent généreusement contre l'adoption d'un pareil système. Le monarque, irrité comme un enfant furieux de ce qu'on ne cède point à ses caprices, cassa la Chambre. La France la lui renvoya plus forte encore, plus unanime dans son opposition constitutionnelle. Il ne restait plus à la couronne qu'un parti à prendre, celui de se soumettre à l'opinion publique, et de gouverner avec la majorité. C'était alors tout ce que demandait le pays. Telle fut aussi la marche que l'on parut d'abord disposé à suivre. Les Chambres furent convoquées pour le 3 août 1830, les lettres closes expédiées aux pairs et aux députés, et tous les préparatifs faits au Louvre pour les recevoir à cette époque. Mais, je ne sais quel vent de cour soufflant, on se ravisa tout d'un coup ; et, par une combinaison que l'on pourrait appeler atrocement perfide, si tout, dans la fatale conduite des ministres coupables, n'eût dévoilé plus d'ignorance encore que de méchanceté, les ordonnances du 25 juillet osèrent paraître à la face de la France. Pour expliquer la glorieuse résistance, la lutte héroïque et le triomphe national qu'elles provoquèrent, nous croyons devoir en rappeler ici les principales dispositions :

La liberté de la presse périodique est suspendue.

La confiscation actuelle des journaux et

des presses est ordonnée ; l'autorisation ultérieure est arbitraire.

La censure des livres est rétablie pour ceux au-dessous de vingt feuilles d'impression, quels qu'ils soient ; elle l'est également pour les mémoires sur procès, et les mémoires des sociétés savantes.

La confiscation et la destruction sont les pénalités fixées provisoirement par l'ordonnance contre les presses contrevenantes, préalablement à toute action judiciaire.

La Chambre des députés est dissoute avant sa réunion.

La Chambre future ne se composera plus que de députés de départemens.

Les colléges d'arrondissemens, divisés par sections, n'éliront plus que des candidats en nombre égal à celui des députés à élire par les départemens ; il y aura autant de sections que de candidats.

Le nombre des députés est réduit à 258 ; les capacités électorales sont restreintes à la propriété territoriale seule.

L'initiative des amendemens est retirée aux Chambres.

Les colléges d'arrondissemens sont convoqués pour le 6 septembre, ceux de départemens pour le 18, et les deux Chambres pour le 28 du même mois.

A la suite de ces mesures, on avait placé, pour ceux qui ne les comprendraient pas, des noms propres chargés de les expliquer, choisis parmi les hommes les plus connus par leur haine des opinions constitutionnelles, et qu'il serait aujourd'hui peu généreux de désigner. Ces ordonnances constituaient l'infraction la plus formelle, la plus évidente du pacte fondamental ; et cependant, par suite de l'interprétation forcée de l'article 14, c'était comme rentrant dans l'esprit de la charte, comme une juste conséquence de ses principes, qu'on ne rougissait pas de les annoncer. On ne pouvait au plus sanglant outrage joindre une plus cruelle dérision.

Une morne stupeur frappa d'abord la capitale; elle fit bientôt place dans l'ame des citoyens à la plus vive indignation; tous les fermens de haine produits par le licenciement de la garde nationale et les fusillades de la rue Saint-Denis se soulevèrent tout à coup, et l'on prit l'unanime résolution de ne pas laisser impunis ces nouveaux attentats. Les ordonnances furent publiées par le Moniteur le lundi matin 26 juillet ; dans la soirée du même jour, des attroupemens se formèrent au Palais-Royal. Le lendemain, ils devinrent plus nombreux, plus menaçans, et n'évacuèrent le Palais-Royal que pour se répandre dans les rues voisines. Cependant aucun citoyen n'était armé ; tous ne protestaient encore de leur opposition que par de sourds murmures de mécontentement, semblables aux bruits lointains qui précèdent les tempêtes. C'est alors qu'on fit marcher contre eux, dans la rue Saint-Honoré, des gendarmes et des Suisses, le sabre à la main et la baïonnette en avant. Alors aussi les patriotes si traîtreusement provoqués résistèrent avec courage, se faisant des armes de tout ce qui leur tombait sous la main. Le champ de bataille ne fut abandonné aux troupes que fort avant dans la nuit, et l'on se retira pour mieux se préparer à l'héroïque résistance du lendemain. L'alarme est aussitôt donnée dans tous les quartiers ; partout les reverbères sont brisés, les insignes d'une royauté odieuse disparaissent, les cris de guerre se font entendre. On désarme plusieurs postes ; on rassemble toutes les armes que l'on peut trouver ; on fait à la hâte des cartouches ; on commence à élever des barricades. De leur côté, nos ennemis ne restent pas oisifs. Après une journée passée à la chasse et à d'autres divertissemens de cour, Charles X, qui était alors à St.-Cloud, ordonne que la ville de Paris sera mise en état de siége, et en confie le commandement au duc de Raguse, que la fatalité de son étoile condamne à la défense d'une cause qu'il désapprouve comme citoyen. Déjà plus de 20,000 hommes, la plupart de la garde royale, sont réunis sous ses ordres ; bientôt vont arriver à marches forcées les Suisses d'Orléans, l'infanterie du camp de St.-Omer, la cavalerie du camp de Lunéville, l'artillerie de la Fère et toutes les garnisons voisines de Paris. Le maréchal se croit déjà assez fort avec les troupes dont il peut disposer ; en conséquence, il fait occuper pendant la nuit les boulevards, les quais et les points les plus importans, espérant sans doute que cet appareil formidable suffira pour intimider les Parisiens; mais le sang qui venait de couler criait trop hautement vengeance.

Le lendemain matin, 28 juillet, aux rayons du plus beau soleil qui jamais ait éclairé le triomphe de la liberté, le drapeau tricolore flottait sur les tours de Notre-Dame, le tocsin sonnait dans toutes les églises, les marchands quittaient leurs affaires, les artisans leurs travaux, les étudians les bancs de l'école, et tous, animés d'un même sentiment patriotique, aux cris de *vive la Charte ! vive la Liberté !* se précipitaient aux armes. Au même instant le combat s'engage sur tous les points. Avec des fusils de chasse, des piques, des sabres rouillés, des bâtons, on court joyeusement attaquer des troupes braves, disciplinées, commandées par d'excellens officiers, soutenues d'une nombreuse artillerie, mais qui, on doit le dire à l'honneur du soldat français, ne marchaient qu'à regret à la défense d'une mauvaise cause. Aussi partout leurs efforts furent-ils impuissans; partout les attaques des citoyens, dirigées par les généreux élèves de l'école polytechnique, furent-elles couronnées du plus éclatant succès. Cependant, vers le milieu de la journée, M. Lafitte, suivi de quelques autres personnages désirant comme lui arrêter l'effusion du sang français qui coulait des deux côtés, se présenta avec des paroles de paix au quartier-général du duc de Raguse. Le retrait des ordonnances, le renvoi des ministres coupables, la convocation des Chambres au 3 août, voilà les seules conditions qu'il proposait pour mettre un terme à de si affreuses hostilités; à ce prix Charles X pouvait encore conserver sa couronne. M. Lafitte trouva le duc de Raguse en proie à la plus violente agitation, combattu par ses propres sentimens et par ce qu'il regardait comme son devoir de soldat, et ainsi tout disposé à l'acceptation de ces offres pacifiques. Mais arrêté par M. de Polignac, inflexible interprète des volontés de son inflexible maître, l'infortuné guerrier ne put que gémir sur les malheurs de la patrie et sur sa propre situation, et le courageux député de la Seine alla annoncer à ses concitoyens que pour eux il n'y avait plus de salut que dans les armes. Le combat recommença donc de leur côté avec une nouvelle vigueur. Les troupes de ligne ne pouvant plus long-temps souffrir qu'on les fit servir d'instrumens à la ruine de la liberté, joignirent leurs acclamations à celles des citoyens et posèrent les armes devant eux. Il n'y eut plus de résistance que de la part des gendarmes, des Suisses et de la garde royale, dont les chefs entretenaient l'ardeur par l'or semé dans leurs rangs. Cependant, vers les sept heures du soir, craignant de se voir enveloppées par des adversaires dont le nombre allait toujours croissant, ces troupes effectuèrent leur retraite. Quelque temps après, elles évacuèrent aussi l'Hôtel-de-Ville ; et ce qui restait de défenseurs de la cause royale alla se retrancher dans le Louvre et les Tuileries, seuls points qui fussent encore en leur pouvoir dans la capitale. On ne les y laissa pas long-temps tranquilles. Le lendemain, dès la pointe du jour, attaqués avec vivacité dans leurs derniers retranchemens, ils furent également contraints de les abandonner, après un combat acharné livré sous la colonnade du Louvre, et où beaucoup de sang fut encore répandu. Vainement essayèrent-ils encore de défendre les Thuileries. Le château royal tomba bientôt aussi entre les mains du peuple vainqueur, et à midi, le duc de Raguse, à la tête de ses troupes, et toujours protégé par son artillerie, effectuait sa retraite sur Saint-Cloud par les Champs-Élysées où quelques coups de fusils furent encore échangés avec son arrière-garde.

Ainsi se terminèrent ces trois grandes journées dans lesquelles le peuple reconquit par la seule force de son bras les droits qu'on lui avait si long-temps disputés par la fraude, et qu'on avait aussi follement tenté de lui ravir par la violence : triomphe d'autant plus glorieux qu'il ne fut souillé d'aucun excès. Aucune vengeance particulière ne fut exercée, ni aucune injure tentée contre les personnes et les propriétés. Les vaincus furent traités avec les mêmes égards ; désarmés, on ne voyait plus en eux que des frères. Telle fut la conduite admirable de ce peuple qui, seul, sans chef reconnu, sans plan arrêté, par la sublime inspiration de son courage, a fait la révolution de juillet, et à qui l'on semble disputer aujourd'hui les plus justes conséquences du grand principe qu'il posé.

La victoire était pleine et entière ; i s'agissait maintenant de l'organiser, d'établir un centre d'action auquel vinssent se rallier tous les bons citoyens, de fonder enfin un gouvernement à la place de celui qui avait été détruit. Déjà la veille, et pendant la nuit, de généreux députés, parmi lesquels on aime à retrouver les noms des Lafitte, des Dupont de l'Eure, des Benamin Constant, des Mauguin, des Odillon-Barrot, s'étaient réunis chez M. Audry de Puyraveau, leur collègue, pour aviser aux meilleurs moyens de régulariser le mouvement national. Après l'évacuation des Thuileries, une commission municipale, faisant les fonctions de gouvernement provisoire, fut établie à l'Hôtel de Ville. Elle se composait de MM. Audry de Puiraveau, Mauguin, de Schœnen, de Lobau, tous députés, et avait pour secrétaire

M. Odillon-Barrot. Le général Gérard fut chargé de réunir sous ses ordres les troupes dispersées, et le général Lafayette reçut le commandement en chef de la garde nationale qui était venue se reformer sous la mitraille du roi qui l'avait naguère si impolitiquement licenciée. On ne pouvait, certes, lui choisir un plus digne chef que ce grand citoyen. Voici la courte et énergique proclamation qu'il adressa à ses frères d'armes :

« Mes chers concitoyens et braves ca-
« marades,

« La confiance du peuple de Paris m'ap-
« pelle encore une seconde fois au com-
« mandement de sa force publique. J'ai
« accepté avec dévouement et avec joie
« les devoirs qui me sont confiés, et, de
« même qu'en 1789, je me sens fort de
« l'approbation de mes honorables collé-
« gues aujourd'hui réunis à Paris. Je ne
« ferai point de profession de foi : mes
« sentimens sont connus. La conduite de
« la population parisienne, dans ces der-
« niers jours d'épreuve, me rend plus que

« jamais fier d'être à sa tête. La liberté
« triomphera ou nous périrons ensemble.
« Vive la Patrie! vive la Liberté! »

Pendant que la révolution créait ainsi ses défenseurs, les débris de la garde royale arrivaient à Saint-Cloud, tristes, abattus, découragés, maudissant les ordres qu'ils avaient trop fidèlement exécutés. A leur aspect seulement, la cour connut enfin l'affreuse vérité. Charles X, qui jusqu'alors s'était montré si indifférent au sort du peuple qu'il faisait mitrailler, commença à trembler pour sa propre couronne. Le Dauphin, son fils, s'en prit lâchement au duc de Raguse de la défaite des troupes à la tête desquelles il n'avait pas seulement osé paraître, tandis que le Maréchal s'était dévoué en désespéré à la défense d'une cause qui n'était pas la sienne. On salirait sa plume à répéter les ignobles outrages dont ce vil dauphin accabla le guerrier malheureux. Pendant ce temps là, M. de Sémonville, pair de France, qui avec peine s'était fait jour à travers les courtisans pour arriver jusqu'au Roi, le pressait vivement de satisfaire enfin à la volonté nationale si énergiquement exprimée. Le Monarque obstiné n'y consentit qu'à la dernière extrémité, moins encore en considération de la patrie que dans l'intérêt de la malheureuse fille de Louis XVI qui revenait alors à travers la France, fugitive et déguisée, d'un voyage qu'elle avait entrepris sous de meilleurs auspices. En conséquence, les fatales ordonnances furent rapportées, les ministres coupables remplacés par MM. de Mortemart, Casimir Périer et le général Gérard, et les Chambres convoquées de nouveau pour le 3 août.

Ce fut le vendredi 30 juillet, dans la matinée, que M. Colin de Sussy, pair de France, aujourd'hui colonel de la 11.ᵉ légion de la garde nationale parisienne, porta ces propositions au général Lafayette et à la commission du gouvernement provisoire. Dans le même temps arrivait à l'Hôtel de Ville une députation de quinze membres, envoyée par un grand nombre de citoyens, afin d'exprimer le désir qu'aucun chef ne fût proclamé avant que la forme et la nature du gouvernement n'eussent été déterminées par le peuple légalement représenté. Le général Lafayette ouvrit la dépêche royale en présence de la députation des patriotes, et après en avoir pris connaissance : « Vous « venez un peu tard, dit-il à M. Colin de « Sussy ; il ne serait plus au pouvoir de « Charles X de maintenir les fameuses « ordonnances ; il pouvait donc se dis- « penser de les annuller. Nous les avons « rapportées nous-mêmes de manière à lui « épargner cette peine. Quant au nouveau « ministère, je n'ai rien à démêler avec « lui. Nous ne pourrions pas nous enten- « dre. Le peuple m'a chargé de défendre « Paris contre ses ennemis. Si nous som- « mes attaqués, j'espère prouver que j'étais « digne de cette confiance. Voilà mon « rôle, je n'en jouerai pas d'autre. — « Vous avez raison, Général, s'écrièrent « les membres de la députation ; nous « vous seconderons. Charles X a cessé de « régner. » Introduit auprès des membres de la commission municipale, M. Colin de Sussy les entendit manifester avec la même énergie leur haine contre les Bourbons, et vingt mille citoyens, réunis sur la place de l'Hôtel de Ville, témoignaient par leurs cris qu'ils sympathisaient avec la députation parlant en leur nom.

Telle était la disposition des esprits, lorsque le nom du duc d'Orléans fut prononcé; ce seul nom donnait à la révolution tous les gages qu'elle pouvait demander. D'un autre côté, les vertus privées du Prince, son éducation, ses sentimens tout français offraient à la nation des garanties assez sûres pour le maintien des droits qu'elle venait de reconquérir avec tant de gloire. Aussi tous les suffrages se réunirent-ils à lui sans opposition. On oublia qu'il appartenait à la famille proscrite pour ne voir en lui que le soldat de Jemmapes et de Valmy, le généreux pair de 1815. Ceux même qu'avait séduits d'abord le rêve d'une république ou le retour du fils de Napoléon, firent le sacrifice de leurs affections aux intérêts bien entendus de la patrie. Quarante-trois députés alors assemblés partagèrent les mêmes sentimens; et joignant leurs voix à celles de la commission municipale, ils décidèrent que la lieutenance-générale du royaume serait d'abord offerte à M. le duc d'Orléans. Ce Prince était alors avec sa famille dans sa maison de campagne de Neuilly : la police de la cour l'y surveillait ; et, bien qu'il n'eût pris aucune part aux événemens des trois journées, des ordres avaient été donnés, dit-on, pour le faire arrêter. Charles X, avant de s'éloigner de St.-Cloud, lui envoya même, comme présent d'adieu, un boulet qui tomba dans le parc de Neuilly ; petite vengeance de cour dont le duc d'Orléans a consacré le souvenir par un monument qui s'élève à l'endroit où il reçut, le 30 juillet, la députation de la Chambre des députés, et dont voici la description :

La Liberté, coiffée d'un bonnet phrygien, y est représentée entre Minerve et la Paix. Auprès de ces deux figures sont d'un côté l'Histoire, et de l'autre le Peuple français foulant aux pieds les couronnes et tous les attributs de la dynastie déchue. Au-dessus de la Liberté, au milieu des nuages et de la foudre, est incrusté dans le marbre le boulet lancé par Charles X.

Le duc d'Orléans accueillit avec le plus

grand empressement la commission des députés chargée de lui exprimer les vœux de leurs collégues. Cependant, dépouillé de toute ambition personnelle, il voulait d'abord ne pas accepter le pouvoir qui lui était confié ; cédant enfin à la nécessité de prévenir l'anarchie dont son refus pouvait menacer la France, il se rendit aux désirs de la commission, et partit le même jour pour Paris où il arriva au Palais-Royal à onze heures du soir. La proclamation suivante annonça au peuple de la capitale ce qu'il devait attendre du chef qu'il s'était choisi :

« Habitans de Paris, les députés de la
« France, en ce moment réunis à Paris,
« m'ont témoigné le désir que je me ren-
« disse dans cette capitale pour y exercer
« les fonctions de Lieutenant-général du
« royaume.

« Je n'ai pas balancé à venir partager
« vos dangers, à me placer au milieu de
« votre héroïque population, et à faire
« tous mes efforts pour vous préserver
« des calamités de la guerre civile et de
« l'anarchie.

« En rentrant dans la ville de Paris, je

« portais avec orgueil ces couleurs glo-
« rieuses que vous avez reprises, et que
« j'avais moi-même si long-temps portées.

« Les Chambres vont se réunir ; elles
« aviseront aux moyens d'assurer le règne
« des lois et le maintien des droits de la
« nation.

« La Charte sera désormais une vérité.

« Louis-Philippe d'Orléans. »

Cette proclamation, répandue le 31 juillet dans tous les quartiers de la capitale, produisit le plus heureux effet. Les boutiques se rouvrirent et les communications ordinaires furent rétablies, autant toutefois que le permettaient les formidables barricades élevées dans les rues, et que la présence des troupes royales dans le voisinage rendait encore nécessaires. Le même jour les députés présens à Paris se réunirent sous la présidence de M. Lafitte. Organe de la commission envoyée auprès du duc d'Orléans, le général Sébastiani fit connaître à la Chambre l'intention de ce prince de satisfaire au vœu national, en déclarant qu'il allait s'occuper sans délai des mesures les plus urgentes, et surtout de la prochaine convocation des Chambres. Les députés réunis accueillirent ces promesses avec le plus vif enthousiasme, et arrêtèrent aussitôt le projet d'une proclamation dans laquelle, en informant la France du résultat des trois grandes journées, on stipulerait aussi les principales garanties des nouveaux droits conquis. Nous donnons ici le texte de ce manifeste, dont le vague laissa déjà beaucoup à désirer aux amis de la liberté.

Proclamation adressée aux Français par les Députés des départemens réunis à Paris.

Français,

« La France est libre; le pouvoir absolu
« levait son drapeau, l'héroïque population
« de Paris l'a abattu. Paris attaqué a fait
« triompher par les armes la cause sacrée
« qui venait de triompher en vain dans les
« élections. Un pouvoir, usurpateur de
« notre repos, menaçait à la fois la liberté
« et l'ordre ; nous rentrons en possession
« de l'ordre et de la liberté. Plus de craintes
« pour les droits acquis, plus de barrière

« entre nous et les droits qui nous man-
« quent.

« Un gouvernement qui sans délai nous
« garantisse ces biens, est aujourd'hui le
« premier besoin de la patrie. Français,
« ceux de vos députés qui se trouvent déjà
« à Paris, se sont réunis, et en attendant
« l'intervention régulière des Chambres,
« ils ont invité un Français qui n'a jamais
« combattu que pour la France, M. le duc
« d'Orléans, à exercer les fonctions de
« lieutenant-général du royaume. C'est à
« leurs yeux le plus sûr moyen d'accom-
« plir promptement, par la paix, le succès
« de la plus légitime défense.

« Le duc d'Orléans est dévoué à la cause
« nationale et constitutionnelle. Il en a
« toujours défendu les intérêts et professé
« les principes. Il respectera nos droits,
« car il tiendra de nous les siens. Nous
« nous assurerons par des lois toutes les
« garanties nécessaires pour rendre la li-
« berté forte et durable :

« Le rétablissement de la garde natio-
« nale, avec l'intervention des gardes na-
« tionaux dans le choix des officiers ;

« L'intervention des citoyens dans la
« formation des administrations départe-
« mentales et municipales ;

« Le jury, pour les délits de la presse ;

« La responsabilité légalement organisée
« des ministres et des agens secondaires
« de l'administration ;

« L'état des militaires légalement assuré;

« La réélection des députés promus à
« des fonctions publiques ;

« Nous donnerons enfin à nos institu-
« tions, de concert avec le chef de l'état,
« les développemens dont elles ont besoin.

« Français, le duc d'Orléans lui-même
« a déjà parlé, et son langage est celui qui
« convient à un pays libre. « Les Chambres
« vont se réunir, vous-dit-il; elles aviseront
« aux moyens d'assurer le règne des lois et
« le maintien de la liberté.

« *La Charte sera désormais une vérité.* »

A Paris, le 31 juillet 1830.

Cette proclamation est mise aux voix et adoptée d'enthousiasme par la Chambre. Les députés se lèvent ensuite instantanément et se rendent en masse au Palais-

Royal. Bientôt après le duc d'Orléans, accompagné des représentans de la nation, de ses aides-de-camp, de M. Alexandre de Laborde, major-général de l'armée, et d'un grand nombre d'officiers de la garde nationale, sort de son palais pour se rendre à l'Hôtel de Ville. Le cortége s'avance lentement à travers les flots d'une population qui l'accueille avec transport. L'armée parisienne bordait la haie avec les mêmes armes qui l'ont aidée à vaincre, ou qu'elle a conquises sur les soldats de Charles X. Des lances, des sabres, des carabines, des bâtons, étaient dans ses mains. D'autres enfans de Paris formaient une chaîne d'union en avant. Le prince arrive ainsi à l'Hôtel de Ville dont la place est inondée de miliciens. Il y est reçu au bruit du canon. Au haut du perron, sous le vestibule, il trouve le général Lafayette qui était descendu pour venir à sa rencontre, entouré de la commission municipale. Ils se jettent alors dans les bras l'un de l'autre, et c'est là que le commandant en chef des gardes nationales de France offre à Louis-Philippe l'hommage de son dévouement et de celui de ses frères d'armes, tandis que le prince-citoyen lui promet d'assurer le trône populaire sur des institutions républicaines. Le duc d'Orléans se rend ensuite dans la grande salle, accompagné par toutes les personnes qui avaient pu pénétrer dans l'Hôtel de Ville, entre deux rangs des héroïques élèves de l'école polytechnique. La milice parisienne l'y attendait, formée en ligne, garnissant les quatre faces de la salle. Les députés s'étant formés en rond, Lafayette a annoncé qu'on allait lire la proclamation de la Chambre des députés au peuple français. M. Viennet, député, d'une voix haute et expressive, a lu alors l'acte dont nous venons de donner le texte.

Cette lecture a été interrompue par de fréquens et bruyans applaudissemens qui ont surtout éclaté à la lecture de chacune des garanties stipulées. C'est alors que le général Dubourg, le seul chef qui, dans les trois journées, eût osé prendre le commandement de la garde nationale improvisée, s'adressant au duc d'Orléans avec une franchise toute militaire : « Prince, lui dit-il,

« vous venez d'entendre ce que la nation a
« droit d'attendre de son chef; nous espé-
« rons que vous serez plus fidèle à vos
« sermens que les princes à qui vous suc-
« cédez ; vous avez sous les yeux le châti-
« ment réservé aux parjures. » Ce brusque
propos parut blesser profondément le
prince : « Monsieur, lui répondit-il avec
« vivacité, sachez que je suis un homme
« d'honneur, et que jamais je n'ai manqué
« à ma parole. La nation apprendra à me
« connaître. On verra que je ferai pour
« elle plus encore qu'on ne me demande ;
« je braverai avec elle les dangers aux-
« quels elle est exposée, et ferai tous
« mes efforts pour assurer à jamais son
« indépendance et sa liberté, et faire ou-
« blier le sang versé dans les dernières
« journées. »

De vifs applaudissemens suivirent cette
réponse. La masse de peuple et de miliciens
qui garnissaient la place répondait par ses
cris aux cris des assistans.

Le prince s'est alors montré à la fenêtre
de l'Hôtel de Ville avec le général Lafayette. « *Voilà la meilleure des républiques,* »

dit ce généreux citoyen en mettant la main sur le cœur du duc d'Orléans. Là ils se sont embrassés de nouveau aux acclamations universelles, tandis que le drapeau tricolore, porté de mains en mains, flottait sur leurs têtes.

Le canon a annoncé la sortie du duc d'Orléans, qui est retourné de la même manière au Palais-Royal, dont le peuple enthousiasmé a rempli les cours et la place jusqu'à une heure très-avancée.

Ainsi s'est terminée cette grande journée; ainsi le peuple vainqueur et encore sous les armes a, par ses acclamations, sanctionné le choix des députés et du gouvernement provisoire. Mais, en se donnant de la sorte un nouveau maître, c'était proclamer d'une manière assez formelle qu'on attendait de lui un gouvernement tout différent de celui qui avait si long-temps humilié la France, et qu'on venait de renverser à jamais. Telle était en effet l'opinion dominante non-seu-seulement à Paris, mais dans les départemens où nulle part la révolution de juillet ne rencontra de résistance. On la regarda partout comme le premier beau jour d'une nouvelle ère de liberté et de gloire pour la patrie, comme le glorieux signal de notre affranchissement de toute influence étrangère.

Cependant Charles X avait réuni à St.-Cloud les débris de sa garde, et semblait menacer encore la capitale. Mais ce fut vainement que, par sa présence et ses discours, il essaya de ranimer leur courage. Vainement leur présenta-t-il, comme son successeur, le dauphin son fils, ce chef invisible aux jours du danger. Convaincus par le silence et la morne attitude des troupes que toute confiance en eux était désormais perdue, ils se décidèrent à effectuer leur retraite sur Rambouillet, le jour même où M. le duc d'Orléans était proclamé lieutenant-général du royaume. Versailles leur ferma ses portes, et, poursuivis par les paysans insurgés des communes voisines, ils n'arrivèrent qu'avec peine à leur château royal de Rambouillet. Mais on ne devait pas les y laisser long-temps tranquilles. Les vainqueurs des trois grandes journées avaient encore leurs armes ; la garde nationale s'organisait rapidement sous les ordres de son ancien chef ; un décret du gouvernement provisoire avait ordonné la mobilisation de vingt régimens de cette milice citoyenne ; à la voix du brave général Gérard, les soldats arrivaient en foule au camp de Vaugirard, où ils étaient appelés à la défense de la patrie ; les troupes de la garde royale elle-même se debandaient de toutes parts et venaient se réunir à leurs compagnons d'armes ; la division du général Bordesoulle, forte de 6,000 hommes de cette garde, avait fait sa soumission au gouvernement nouveau. D'un autre côté, on apprenait que l'impulsion donnée par la capitale s'était communiquée dans les provinces, et y avait produit de semblables résultats; partout la population avait repoussé avec énergie les ordonnances coupables; la garde nationale s'était formée, et les soldats avaient paru plus disposés à fraterniser avec le peuple qu'à le combattre. C'en était donc fait, et pour jamais, du règne de Charles X et des siens. Il y avait cependant encore pour ce prince une retraite honorable à faire ; c'était, en reconnaissant franchement ses torts et cédant à la nécessité, de reconnaître le gouvernement établi par le peuple auquel le parjure royal avait rendu ses droits. Tel était le généreux exemple que deux fois avait donné Napoléon, auquel il restait en France tant de partisans et de moyens de résistance ; mais il eût fallu organiser la guerre civile, et ce moyen extrême répugnait au grand homme. Les souverains prétendus légitimes ne sont pas scrupuleux ; s'imaginant de bonne foi que le dieu, dont ils se disent les représentans, leur a donné un peuple à gouverner comme un patrimoine, ils croiraient sans doute, par une abdication pleine et entière, dépouiller leurs descendans du paternel héritage. Que pouvait-on d'ailleurs attendre de grand et de généreux d'un prince qui avait fait mitrailler si impitoyablement ce qu'il appelait son peuple ? Sa conduite en cette circonstance ne démentit pas son caractère. Par une amère dérision, il reconnut, il est vrai, en qualité de Lieutenant-général du royaume le prince que la volonté nationale avait déjà investi de ce titre, mais à condition qu'en cette qualité, le duc d'Orléans ferait proclamer comme roi, sous le nom de Henri V, le duc de Bordeaux, un enfant de dix ans, nourri d'une éducation de cour, et qu'au milieu de la position critique où se trouvait la France, on jetait ainsi en avant comme un nouveau brandon de haine et de discorde. Cette abdication était datée de Rambouillet, du 1er août ; dans une pièce qui y était jointe, Charles X déclarait en même temps qu'il attendrait à Rambouillet le retour de la personne chargée de la porter à Paris, et que si l'on cherchait à attenter à la vie du roi et de sa famille, ou à leur liberté, il se défendrait jusqu'à la mort. Résolution magnanime sans doute, mais qui ne fut suivie d'aucun effet.

Ce fut le 3 août que la capitale eut connaissance de l'abdication conditionnelle de Charles X et de son fils ; cette nouvelle y causa la plus vive indignation, et le peuple aussitôt courut aux armes. Le général Lafayette avait demandé 500 hommes par légion pour marcher contre Rambouillet; plus de 30,000 volontaires se présentèrent; le général Pajol était à leur tête ; et, en mettant à contribution fiacres, cabriolets, omnibus, toutes les voitures, en un mot, qu'ils trouvaient sur leur passage, ils arrivèrent en grande partie le même jour au village de Cugnières, à deux lieues de Rambouillet, où leur chef les rangea en bataille. Le lendemain matin, ils se disposaient à marcher sur cette ville, où Charles X avait encore 12,000 hommes de bonnes troupes et une nombreuse artillerie, qui lui était arrivée de la Fère. Mais à l'approche de la population parisienne, le monarque déchu ne songea plus qu'à la fuite ; trop heureux encore d'accepter l'escorte des commissaires envoyés par le Lieutenant-général pour le protéger, et l'argent destiné aux frais de son voyage. La garde royale fut alors licenciée, et 600 gardes-du-corps seulement laissés à Charles X et à sa famille, pour les escorter jusqu'aux limites de la France. MM. de Schonen, le maréchal Maison et Odillon Barrot furent les commissaires chargés d'accompagner les princes fugitifs, et surent, dans cette délicate mission, concilier les ménagemens que l'on doit à de grandes infortunes, toutes méritées qu'elles soient, avec les soins que réclamait la sureté du pays. Le cortége royal partit de Rambouillet le 4 août, traînant à sa suite une longue file de voitures et de chevaux de luxe. Les deux princes paraissaient fort abattus ; des larmes roulaient dans les yeux des princesses, tristes victimes des fautes de leurs parens; les gardes-du-corps, accablés de fatigue et de douleur, semblaient escorter une pompe funèbre. On s'avança ainsi lentement à travers les populations silencieuses, qu'une généreuse délicatesse empêchait seule de laisser éclater ses véritables sentimens ; mais partout les couleurs nationales étaient arborées ; partout le drapeau tricolore venait frapper les yeux des fugitifs. Le voyage fut long, et fait à petites journées, d'après les ordres de Charles X, qui se flattait toujours de voir accourir des défenseurs du fond de la Bretagne ou de la Vendée. Ils les attendit vainement. Son manque de foi avait détruit tout l'intérêt que devait inspirer une chute si soudaine et si complette. Aucun bras ne s'arma, aucune épée ne fut tirée pour sa délivrance. Partout les yeux du peuple accouru sur son passage ne lui exprimèrent que la pitié ou une indignation à peine contenue. Il arriva enfin à Cherbourg le 16 août; le même jour il s'embarqua avec sa famille sur le vaisseau qui devait le conduire en Angleterre, et vit fuir à jamais derrière lui les côtes de France.

CHAPITRE XIV.

Ouverture des Chambres. — Nouvelle Charte. — Le duc d'Orléans est proclamé Roi. — Actes de son règne. — Arrestation et mise en jugement de quatre ministres signataires des ordonnances du 25 juillet. — Troubles d'octobre et décembre 1830 et de février 1831. — Convocation d'une nouvelle Chambre. — Etat actuel des choses.

LE premier acte du nouveau gouvernement fut de déclarer que la France reprenait les couleurs qu'elle avait reconquises, et qu'à l'avenir il ne serait plus porté d'autre cocarde que la cocarde tricolore. L'ouverture des Chambres fut fixée au 3 août. Ce jour-là, en effet, tandis que les vainqueurs de juillet se précipitaient sur la route de Rambouillet, M. le Lieutenant-général, accompagné du duc de Nemours, se rendait, aux acclamations du reste du peuple, à la Chambre des députés où les pairs étaient aussi réunis. Les cris de *Vive le duc d'Orléans!* l'accueillirent à son entrée dans la salle; il s'assit à la droite du trône, ayant son fils à sa gauche, et un seul aide-de-camp derrière lui ; puis il prononça d'une voix d'abord émue, mais bientôt ferme et distincte, le discours suivant :

MM. les Pairs et MM. les Députés,

« Paris, troublé dans son repos par une
« déplorable violation de la charte et des
« lois, les défendait avec un courage hé-
« roïque. Au milieu de cette lutte sanglante,
« aucune des garanties de l'ordre social ne
« subsistait plus. Les personnes, les pro-
« priétés, les droits, tout ce qui est pré-
« cieux et cher à des hommes et à des ci-
« toyens, courait les plus graves dangers.

« Dans cette absence de tout pouvoir
« public, le vœu de mes concitoyens s'est
« tourné vers moi ; ils m'ont jugé digne de
« concourir avec eux au salut de la patrie ;
« ils m'ont invité à exercer les fonctions
« de lieutenant-général du royaume.

« Leur cause m'a paru juste, les périls
« immenses, la nécessité impérieuse, mon
« devoir sacré. Je suis accouru au milieu
« de ce vaillant peuple, suivi de ma famille,
« et portant ces couleurs qui, pour la se-
« conde fois, ont marqué parmi vous le
« triomphe de la liberté.

« Je suis accouru, fermement résolu de
« me dévouer à tout ce que les circons-
« tances exigeraient de moi dans la situa-
« tion où elles m'ont placé, pour rétablir
« l'empire des lois, sauver la liberté mena-
« cée et rendre impossible le retour de si
« grands maux, en assurant à jamais le
« triomphe de cette charte, dont le nom
« invoqué pendant le combat, l'était encore
« après la victoire.

« Dans l'accomplissement de cette noble
« tâche, c'est aux Chambres qu'il appartient
« de me guider. Tous les droits doivent
« être solidement garantis; toutes les ins-
« titutions nécessaires à leur plein et libre
« exercice doivent recevoir les dévelop-
« pemens dont elles ont besoin. Attaché
« de cœur et de conviction aux principes
« d'un gouvernement libre, j'en accepte
« d'avance toutes les conséquences. Je
« crois devoir appeler dès aujourd'hui votre
« attention sur l'organisation des gardes
« nationales, l'application du jury aux délits
« de la presse, la formation des adminis-
« trations départementales et municipales,
« et, avant tout, sur cet article 14 de la

« charte, qu'on a si odieusement inter-
« prêté.

« C'est dans ces sentimens, Messieurs,
« que je viens ouvrir cette session.

« Le passé m'est douloureux. Je déplore
« des infortunés que j'aurais voulu prévenir : mais, au milieu de ce magnanime
élan de la capitale et de toutes les cités
« françaises, à l'aspect de l'ordre renaissant
avec une merveilleuse promptitude, après
« une résistance pure de tous excès, un
juste orgueil national émeut mon cœur,
« et j'entrevois avec confiance l'avenir de
« la patrie.

« Oui, Messieurs, elle sera heureuse et
libre, cette France qui nous est si chère ;
elle montrera à l'Europe, qu'uniquement
occupée de sa prospérité intérieure, elle
chérit la paix aussi bien que les libertés,
et ne veut que le bonheur et le repos de
ses voisins.

« Le respect de tous les droits, le soin
de tous les intérêts, la bonne foi dans le
gouvernement, sont le meilleur moyen
de désarmer les partis, et de ramener
dans les esprits cette confiance, dans les

« institutions cette stabilité, seuls gages
« assurés du bonheur des peuples et de la
« force des états.

« MM. les Pairs et MM. les Députés,
« aussitôt que les Chambres seront consti-
« tuées, je ferai porter à leur connais-
« sance l'acte d'abdication de S. M. le roi
« Charles X : par ce même acte, S. A. R.
« Louis-Antoine de France, dauphin, re-
« nonce également à ses droits. Cet acte a
« été remis entre mes mains hier, 2 août,
« à onze heures du soir. J'en ordonne, ce
« matin, le dépôt dans les archives de la
« Chambre des pairs, et je le fais insérer
« dans la partie officielle du *Moniteur*. »

Ce timide discours ne répondit point à l'attente générale ; les garanties qu'il offrait parurent insuffisantes ; le ministère, nommé par Charles X, le 29 juillet, en eût offert de semblables ; et il y avait autre chose qu'un changement de ministère et de dynastie dans la révolution qui venait d'éclater. Cependant on sut gré à M. le Lieutenant-général de sa réserve ; on pensa qu'elle lui était commandée par sa position personnelle ; il n'était pas encore roi ; et bien que son élection ne fut plus douteuse, il s'épargnait ainsi généreusement jusqu'au soupçon d'avoir voulu la provoquer.

La Chambre des députés s'occupa d'abord de la vérification des pouvoirs; plusieurs membres donnèrent leur démission; la violation du secret des votes dans les dernières élections en fit exclure un plus grand nombre. Cette opération préliminaire terminée, la Chambre travailla ensuite avec ardeur à la rédaction de l'acte constitutionnel qui devait désormais régir la France, et que le monarque élu devait accepter comme une condition de sa royauté. Plusieurs membres de la gauche proposaient pour base de la nouvelle charte les principes contenus dans la déclaration de la Chambre des représentans, proclamée le 6 juillet 1815, au bruit des canons ennemis qui tonnaient sur la capitale. La majorité préféra à cette énergique manifestation de la volonté nationale, une simple révision de la charte de 1814. Voici les principales modifications qu'elle y apporta sur la proposition de Mr Bérard, l'un de ses membres.

Le préambule est supprimé comme blessant la dignité nationale, en paraissant octroyer aux Français des droits qui leur appartiennent essentiellement.

La religion catholique est déclarée, non plus la religion de l'état, mais celle de la majorité des Français.

La liberté de la presse est proclamée pleine et entière, sans que jamais la censure puisse être rétablie.

L'article 14, en stipulant les prérogatives du chef de l'état, lui accorde seulement le droit de faire les réglemens et ordonnances nécessaires pour l'exécution des lois, mais *sans pouvoir jamais ni suspendre les lois elles-mêmes, ni dispenser de leur exécution;* ôtant par là tout nouveau prétexte à de fausses interprétations. Il établit en outre qu'aucune troupe étrangère ne pourra être admise au service de l'état qu'en vertu d'une loi.

L'initiative des lois appartient aussi à la Chambre des pairs et à celle des députés.

Les séances de la Chambre des pairs sont rendues publiques; les princes peuvent y siéger de droit, et sans l'autorisation du roi.

Les députés sont élus pour cinq ans, et peuvent être admis à l'âge de trente ans. On devient électeur à vingt-cinq ans. Les électeurs nomment eux-mêmes les présidens des colléges électoraux. Le président de la Chambre est élu par elle.

Il ne peut être créé de commissions ou de tribunaux extraordinaires, *à quelque titre et sous quelque dénomination que ce puisse être.*

Le Roi et ses successeurs doivent jurer, *à leur avénement, en présence des deux Chambres réunies,* d'observer fidèlement l'acte constitutionnel.

La charte et tous les droits qu'elle consacre sont confiés au patriotisme et au courage des gardes nationales et de tous les citoyens français.

Par le dernier article enfin, la France déclare qu'elle reprend ses glorieuses couleurs.

A cette constitution nouvelle, la Chambre ajouta les dispositions particulières suivantes :

1° Toutes les nominations et créations nouvelles de pairs sous Charles X, sont déclarées nulles et non avenues.

2° L'article 27 de la charte (relatif à l'organisation de la pairie) sera soumis à un nouvel examen dans la session de 1831.

« La Chambre des députés déclare troisièmement qu'il est nécessaire de pourvoir successivement, par des lois séparées et dans le plus court delai possible, aux objets qui suivent :

1° L'application du jury aux délits de la presse et aux délits politiques;

2° La responsabilité des ministres et des autres agens du pouvoir;

3° La réélection des députés promus à des fonctions publiques salariées;

4° Le vote annuel du contingent de l'armée;

5° L'organisation de la garde nationale, avec intervention des gardes nationaux dans le choix de leurs officiers;

6° Des dispositions qui assurent d'une manière légale l'état des officiers de tout grade de terre et de mer;

7° Des institutions départementales et municipales fondées sur un système électif;

8° L'instruction publique et la liberté de l'enseignement;

9° L'abolition du double vote et la fixation des conditions électorales et d'éligibilité ;

10° Toutes les lois et ordonnances en ce qu'elles ont de contraire aux dispositions adoptées pour la réforme de la charte, sont dès-à-présent et demeurent annullées et abrogées ;

« Moyennant l'acceptation de ces dispositions et propositions, la Chambre des députés déclare enfin que l'intérêt universel et pressant du peuple français appelle au trône S. A. R. Louis-Philippe d'Orléans, duc d'Orléans, lieutenant-général du royaume, et ses descendans à perpétuité, de mâle en mâle, par ordre de primogéniture, et à l'exclusion perpétuelle des femmes et de leurs descendans.

« En conséquence, S. A. R. Louis-Philippe d'Orléans, duc d'Orléans, lieutenant-général du royaume, sera invité à accepter et à jurer les clauses et engagemens ci-dessus énoncés, l'observation de la charte constitutionnelle et des modifications indiquées; et, après l'avoir fait devant les Chambres assemblées, à prendre le titre de Roi des Français.

« Délibéré au palais de la Chambre des députés, le 7 août 1830.

« *Signé* LAFITTE, *vice-président;* JACQUEMINOT, CUNIN-GRIDAINE, PAVÉE-DE-VENDOEUVRE et JARS, *secrétaires.* »

Tel est l'acte mémorable substitué à la *Charte octroyée*, et qui offre encore trop de traces d'une méfiante timidité. On regretta vivement surtout que l'extrême prudence de la Chambre lui eût fait ajourner des dispositions sur lesquelles elle pouvait prononcer en dernier ressort, telles que l'organisation de la pairie, l'abolition du double vote et la fixation des conditions électorales et d'éligibilité. Certes on avait assez long-temps disputé sur ces matières, pour qu'il fût permis de les juger en connaissance de cause, et de fixer aussi ces grands points de la législation. On eût par là gagné un temps précieux et rassuré bien des esprits.

Sur deux cent cinquante-deux députés présens, deux cent dix-neuf votèrent le nouvel acte constitutionnel. Porté le même soir à la Chambre des pairs, il obtint une majorité de 89 suffrages sur 114 votans. M. de Châteaubriand, avec sa générosité et son talent ordinaire, y défendit vainement la cause désespérée d'un enfant qui, dans les circonstances critiques où se trouvait la France, ne pouvait offrir que le pire des gouvernemens, celui d'une minorité. Il paraissait, d'ailleurs, impossible de faire adopter cet enfant par un peuple qui avait perdu six mille de ses défenseurs dans les massacres de juillet, et qui, au seul nom du monarque assassin, frémissait encore de la plus juste fureur. La Chambre des pairs adopta donc la déclaration de la Chambre des députés, sauf l'article qui concernait l'exclusion des pairs créés sous Charles X, article sur lequel elle déclara ne pouvoir délibérer et s'en rapporter à la haute prudence du prince Lieutenant-général.

Le même jour, 7 août, à cinq heures du soir, les portes de la Chambre des députés se sont ouvertes et les députés à pied se sont dirigés vers le Palais-Royal, à travers une multitude agitée et impatiente. Partout, sous leurs pas, se trouvaient encore les traces du sang versé par un peuple généreux pour défendre ses libertés ; et autour d'eux ce peuple en armes semblait leur demander un compte sévère de leur conduite, et ajoutait par sa contenance fière et calme à la solennité de leur démarche. De nouveaux groupes les attendaient au Palais-Royal.

On connaissait déjà les résultats de la séance et l'on débattait vivement, avec toute l'énergie d'une nation libre, la valeur des garanties stipulées. Dans ce trajet et dans le palais même du prince auquel ils apportaient une couronne, les leçons et les remontrances ne leur ont pas manqué, et là, comme aux jours du danger, le peuple montra qu'il comprenait toute l'étendue de ses droits et qu'il était bien résolu à les maintenir. Quelques momens après l'arrivée des députés, le Lieutenant-général du royaume s'est avancé pour les recevoir et leur a présenté ses enfans. Le duc de Chartres et le duc de Nemours auprès de leur père, Mme la Duchesse d'Orléans tenant dans ses bras le plus jeune de ses fils et entourée de ses filles vêtues avec une extrême simplicité, toute cette famille émue, timide, d'un aspect presque bourgeois, semblait nous promettre des mœurs nouvelles dans nos rois, et la réforme des choquantes et inutiles splendeurs de la vieille cour de France. M. Lafitte a porté la parole ; il a lu d'une voix ferme le bill de nos droits ; il a annoncé à Louis-Philippe d'Orléans que le peuple français lui donnait à ce prix, de sa libre volonté, la couronne de France. Le prince a répondu :

« Je reçois avec une profonde émotion
« la déclaration que vous me présentez ; je
« la regarde comme l'expression de la vo-
« lonté nationale, et elle me paraît con-
« forme aux principes politiques que j'ai
« professés toute ma vie.

« Rempli des souvenirs qui m'avaient
« toujours fait désirer de n'être jamais
« destiné à monter sur le trône, exempt
« d'ambition, et habitué à la vie paisible
« que je menais dans ma famille, je ne
« puis vous cacher tous les sentimens qui
« agitent mon cœur dans cette grande

« conjoncture; mais il en est un qui les « domine tous, c'est l'amour de mon pays; « je sens ce qu'il me prescrit, et je le fe- « rai. »

Ces dernières paroles, le prince a eu peine à les prononcer, tant son émotion était grande; il s'est jeté dans les bras de l'orateur et dans ceux du vénérable Lafayette, et il a confirmé ses promesses par ses larmes. C'est alors qu'au morne silence qui avait accueilli les représentans, aux sentimens pénibles qui avaient agité les esprits, a succédé l'effusion la plus touchante. On embrassait, on serrait dans ses bras les princes-citoyens, qui se montraient heureux et fiers de tout recevoir du peuple, qui promettaient de vivre de la vie du peuple, et qui venaient de se lier à lui par un contrat indissoluble.

Ces détails, reproduits par tous les journaux de l'époque, prouvent combien les partisans actuels les plus déclarés de la Chambre des députés, étaient loin de la juger alors à la hauteur de sa mission; trouvant moins de garanties encore dans ses actes que dans les vertus privées du prince. Depuis cette époque, et pendant tout le cours de son existence, elle a semblé en effet prendre à tâche de justifier cette triste opinion, et de rapetisser à sa taille une révolution qui s'était élevée d'abord de toute la hauteur du peuple.

Le 9 août fut le jour fixé pour la séance royale où le duc d'Orléans, en présence des deux Chambres réunies, devait prêter serment à la constitution et recevoir la couronne des mains des représentans de la nation. Cette consécration populaire fut simple et majestueuse à la fois, dépourvue de ce fastueux appareil qui ne semblait déployé dans les sacres de l'antique royauté que pour mieux faire éclater le triomphe du sacerdoce sur l'empire. Le palais de la Chambre des députés avait été choisi comme le lieu le plus convenable à cette inauguration ; des drapeaux tricolores en étaient le seul ornement. Le duc d'Orléans y entra au milieu des acclamations universelles, précédé des grandes députations de la Chambre des pairs et de la Chambre des députés, et suivi de ses deux fils, le duc de Chartres et le duc de Nemours. Mme la duchesse d'Orléans était dans une tribune réservée avec le reste de sa famille, vêtue, ainsi que les jeunes princesses, ses filles, d'une simple robe blanche. M. Casimir Périer, président de la Chambre des députés, au milieu du plus religieux silence, a d'abord fait lecture de la déclaration de cette Chambre. La formule du serment a été ensuite remise au prince par M. Dupont de l'Eure, commissaire au département de la justice, et, le prince, levant la main, l'a répété d'une voix forte et sonore. Les cris de *Vive le Roi! Vive Louis-Philippe I*^{er} *! Vive sa famille!* ont aussitôt retenti dans la salle. En ce moment, MM. les Maréchaux de France se sont avancés, présentant à l'élu du peuple les insignes de la royauté, à savoir : le maréchal Macdonald la couronne, le maréchal Mortier l'épée de connétable, le maréchal Oudinot le sceptre, et le maréchal Molitor la main de justice. Cette cérémonie terminée, de nouvelles acclamations s'élèvent dans toute la salle et ne cessent que long-temps après le départ du nouveau Roi et de son auguste famille. Le peuple y joint les siennes, et confirme ainsi le choix de ses représentans. Nous donnons ici le procès verbal de cette séance mémorable :

L'an mil huit cent trente, le neuf août, MM. les Pairs et MM. les Députés étant réunis au palais de la Chambre des députés, sur la convocation de Monseigneur Louis-Philippe d'Orléans, duc d'Orléans, Lieutenant-général du royaume. S. A. R. est entrée, suivie de LL. AA. RR. les ducs de Chartres et de Nemours et des officiers de sa maison, et s'est rendue à la place qui lui était destinée sur l'estrade en avant du trône.

Les Pairs et les Députés étaient debout et découverts.

S. A. R. ayant pris séance, Monseigneur a dit aux Pairs et aux Députés : *Messieurs, asseyez-vous.*

S'adressant ensuite à M. le Président de la Chambre des députés, Monseigneur lui a dit :

« M. le Président de la Chambre des « députés, veuillez lire la déclaration de la « Chambre. »

M. le Président en a donné lecture et l'a

portée à S. A. R. qui l'a remis à M. le Commissaire provisoire chargé du département de l'intérieur.

S'adressant ensuite à M. le Président de la Chambre des pairs : « M. le Président de « la Chambre des pairs, veuillez me re- « mettre l'acte d'adhésion de cette Cham- « bre. » Ce que M. le Président a fait, et il a remis l'expédition entre les mains de Monseigneur, qui en a chargé M. le Commissaire provisoire au département de la justice.

Alors Monseigneur a lu son acceptation, ainsi conçue :

« Messieurs les Pairs, messieurs les Dé-
« putés,

« J'ai lu avec une grande attention la
« déclaration de la Chambre des députés
« et l'acte d'adhésion de la Chambre des
« pairs. J'en ai pesé et médité toutes les
« expressions. »

« J'accepte, sans restriction ni réserve,
« les clauses et engagemens que renferme
« cette déclaration et le titre de Roi des
« Français qu'elle me confère, et je suis
« prêt à en jurer l'observation. »

S. A. R. s'est ensuite levée, et, la tête découverte, a prêté le serment dont la teneur suit :

« En présence de Dieu, je jure d'ob-
« server fidèlement la Charte constitu-
« tionnelle, avec les modifications expri-
« mées dans la déclaration ; de ne gouver-
« ner que par les lois et selon les lois ; de
« faire rendre bonne et exacte justice à
« chacun selon son droit, et d'agir en toutes
« choses dans la seule vue de l'intérêt, du
« bonheur et de la gloire du Peuple fran-
« çais. »

M. le Commissaire provisoire au département de la justice a ensuite présenté la plume à S. A. R. qui a signé le présent en trois originaux, pour rester déposés aux archives royales et dans celles de la Chambre des pairs et de la Chambre des députés.

S. M. Louis - Philippe Ier, Roi des Français, s'est alors placée sur le trône, où elle a été saluée par les cris mille fois répétés de : *Vive le Roi !*

Le silence s'étant établi, S. M. a prononcé le discours suivant :

« MM. les Pairs et MM. les Députés,

« Je viens de consommer un grand acte.
« Je sens profondément toute l'étendue des
« devoirs qu'il m'impose. J'ai la conscience
« que je les remplirai. C'est avec pleine
« conviction que j'ai accepté le pacte d'al-
« liance qui m'était proposé. »

« J'aurais vivement désiré ne jamais oc-
« cuper le trône auquel le vœu national
« vient de m'appeler. Mais la France, at-
« taquée dans ses libertés, voyait l'ordre
« public en péril ; la violation de la Charte
« avait tout ébranlé ; il fallait rétablir
« l'action des lois, et c'était aux Chambres
« qu'il appartenait d'y pourvoir. Vous
« l'avez fait Messieurs ; les sages modifi-
« cations que nous venons de faire à la
« Charte garantissent la sécurité de l'avenir,
« et la France, je l'espère, sera heureuse
« au dedans, respectée au dehors, et la
« paix de l'Europe de plus en plus affer-
« mie. »

M. le Commissaire provisoire au département de la justice a ensuite invité MM.
les Pairs et MM. les Députés à se retirer

dans leurs chambres respectives, où le serment de fidélité au Roi et d'obéissance à la Charte constitutionnelle et aux lois du royaume serait individuellement prêté par chacun d'eux.

Et la séance a été levée.

Fait et dressé le présent procès verbal, à Paris, le 9 août 1830.

Signé Louis-Philippe; *Pasquier*, président de la Chambre des pairs ; *MM. de Mortemart, duc de Plaisance; Comte Lanjuinais*, secrétaires de la Chambre des pairs ; *Casimir Périer*, président de la Chambre des députés; *J. Lafitte, Dupin aîné, B. Delessert*, vice-présidens; *Jacqueminot, L. Cunin-Gridaine, Pavée de Vendœuvre, Jars*, secrétaires de la Chambre des députés; *Dupont* (de l'Eure), commissaire provisoire au département de la justice, et *Guizot*, commissaire provisoire au département de l'intérieur.

Quelques jours après son élection, le nouveau Roi forma définitivement son ministère. Dupont de l'Eure fut nommé garde des sceaux, ministre secrétaire d'état au département de la justice, le général Gérard à la guerre, le duc de Broglie à l'instruction publique, Guizot à l'intérieur, le baron Louis aux finances, le comte Molé aux affaires étrangères et le général Sébastiani à la marine. Quatre autres ministres sans porte-feuille, MM. Lafitte, Casimir Périer, Dupin aîné et Bignon furent en outre désignés pour faire partie du conseil privé. Sans doute tous ces choix étaient honorables, et, sous le précédent gouvernement, les élus avaient tous donné plus ou moins de gages à l'opposition constitutionnelle. Mais nous croyons, avec beaucoup de bons esprits, que la majorité du conseil ne comprit pas assez la véritable position de la France, ne voyant qu'un changement de cabinet, nous dirons même de cour, dans ce qui était bien une révolution nouvelle, pure des excès de la première, il est vrai, mais non moins générale, non moins impérieuse dans ses principes et dans ses conséquences. La Chambre des députés partagea naturellement cette fausse opinion. Quelques généreux membres de la gauche seuls avaient eu le courage de se jeter dans le mouvement des trois grandes journées ; les autres arrivés timidement après la victoire, n'avaient fait, en reconnaissant Louis-Philippe Ier pour Roi des Français, que céder à la nécessité des circonstances ; plusieurs même ne lui prêtèrent serment qu'avec les restrictions qui manifestaient assez leurs véritables sentimens. On ne pouvait guère attendre autre chose d'une Chambre formée des élus du double vote et sous l'influence de l'administration de Charles X. Aussi pensait-on généralement qu'à l'institution du monarque devait se borner sa mission ; et que de nouveaux députés, nés dans le sein même de la révolution de juillet, pouvaient seuls dignement la représenter. Mais, plus attentive à se proroger au pouvoir qu'à donner aux libertés publiques tous les développemens qu'elles demandaient alors, la Chambre avait pris soin de rendre de nouvelles élections impossibles, en ajournant le vote de la loi électorale. Dès lors les patriotes mirent toute leur confiance dans le généreux caractère du Roi-citoyen ; garantie immense sans doute, mais insuffisante encore dans un gouvernement qui n'existe que de l'accord de trois pouvoirs.

Cependant le nouveau règne s'ouvrit sous les plus heureux auspices, et les Chambres elles-mêmes parurent d'abord empressées de satisfaire à l'opinion publique. Ainsi une amnistie pleine et entière fut accordée à tous les condamnés pour délits politiques, qui gémissaient dans l'exil ou les prisons, et la France, avec son hospitalité accoutumée, rouvrit ses portes aux proscrits de toutes les nations, repoussés jusqu'alors par un gouvernement qui ne craignait rien tant que la contagion des principes de liberté. Des travaux et des secours furent votés pour les ouvriers qui avaient si puissamment contribué à la défaite du pouvoir absolu ; on nomma une commission chargée de consacrer à la postérité les noms et les faits éclatans des héros de juillet ; une loi leur décerna les remerciemens et les récompenses de la nation ; une décoration spéciale fut créée pour eux ; la même loi ordonna enfin l'érection d'un monument funèbre pour les glorieuses victimes dont les cendres, à l'abri de modestes tombeaux, reposent sous la colonnade du Louvre. En attendant l'effet de ces dispositions législatives, la nation elle-même prit soin de pourvoir aux premiers besoins des veuves et des orphelins de ceux qui par leur sang lui avaient acquis la liberté ; partout des souscriptions s'ouvrirent en leur honneur, partout on s'empressa d'y contribuer ; dans les hameaux les plus ignorés comme dans les villes les plus florissantes, riches et pauvres, chacun, suivant sa fortune, apporta son offrande aux vrais sauveurs de la patrie. Le Roi voulait récompenser aussi et les journalistes qui avaient donné les premiers le signal de l'insurrection pour la défense des lois, et les étudians des diverses écoles qui avaient figuré avec tant de courage parmi les combattans et dont plusieurs étaient morts pour cette cause sacrée ; il offrit aux uns et aux autres un assez grand nombre de croix d'honneur, les laissant libres de les adjuger aux plus dignes ; tous refusèrent généreusement ces marques de distinction spéciale ; croyant n'avoir fait que leur devoir et l'avoir également bien fait. Louis-Philippe put du moins témoigner sa reconnaissance particulière à l'auteur de la *Marseillaise*, dont les chants les avaient animés au combat, et comme autrefois enfantaient encore chaque jour de nouveaux défenseurs à la patrie. Ayant appris que le Tyrtée français était loin d'être favorisé par la fortune, il lui envoya avec la croix d'honneur une pension de 1,500 francs sur sa cassette. « L'hymne des Marseillais, dit-il à M. « Rouget-Delille dans la lettre qui le pré- « vient de cette disposition, a réveillé dans « le cœur du Roi des souvenirs qui lui sont « chers. Il n'a point oublié que l'auteur de « ce chant patriotique fut un de ses an- « ciens camarades d'armes. »

Ce fut surtout aux blessés qu'on prodigua les soins les plus touchans. Les hôpitaux ne pouvant suffire à tous, plusieurs citoyens convertirent leurs maisons en ambulances où vainqueurs et vaincus trouvaient également un asile et les secours de l'art. On avait vu, dans la chaleur de l'action, de jeunes élèves de l'école de médecine braver les balles et la mitraille pour arracher des victimes à la mort; animées des mêmes sentimens, de généreuses femmes avaient aussi affronté les mêmes dangers. Grâce à la bonté compâtissante qui distingue leur sexe, les ambulances improvisées furent promptement garnies de matelas, de draps, de linge, de médicamens, en un mot, de tout ce qui pouvait contribuer au bien-être du malade : il n'était si pauvre ouvrière qui n'apportât au moins sa part de charpie. Le Roi, accompagné du général Lafayette, visita plusieurs fois ces lieux où la douleur était tempérée par tant de bienfaisans égards ; la seule vue de ces deux hommes si bien faits pour être toujours amis, versait sur les plaies un baume salutaire. La Reine des Français rendit aussi de fréquentes visites aux hôpitaux et aux ambulances. On la voyait s'arrêter avec attendrissement devant chaque lit, consulter les malades sur leur état, et, posant la main sur leurs bras, dire aux uns : *vos actions, votre courage ont sauvé les citoyens*, et aux Suisses et aux soldats de la garde royale : *vous avez obéi en croyant faire votre devoir ; vous serez guéris, et vous le serez pour la défense de la patrie.* Un malade lui demandait en toute grâce que sa mère pût venir le voir tous les jours : *sa présence me guérit*, disait ce bon fils. La pauvre mère, les yeux humides et joignant les mains, appuyait de ses prières la demande de son enfant : *allons, on vous le permettra*, répond la Reine attendrie ; et, comme on lui objectait que trois cent soixante et deux malades étaient dans la même position et solliciteraient sans doute la même faveur : « Ah ! s'écrie-t-elle avec « une nouvelle émotion, pouvais-je faire « autrement ? c'est une mère qui parlait « à une mère. »

Toutes les nouvelles des départemens annonçaient l'adhésion la plus franche et la plus complète à la révolution de juillet. A la seule apparition des ordonnances, toutes les grandes villes de France, Lyon, Marseille, Rouen, Lille, Nantes, Bordeaux, avaient mis leur garde nationale sur pied; résolues, comme dans la capitale, de résister à la violence par la force. Le sang des citoyens avait aussi coulé à Nantes. La prompte victoire des Parisiens en prévint heureusement une plus grande effusion. Les troupes de ligne ne paraissaient pas d'ailleurs disposées à seconder l'action injuste du pouvoir ; on a vu avec quel empressement elles avaient abandonné leurs armes aux combattans de Paris. Une armée recrutée dans les rangs des citoyens, ne pouvait avoir d'autres sentimens que ceux des citoyens. Aussi partout le seul aspect du drapeau tricolore traversant la France en vainqueur, fut-il salué des acclamations du peuple et des soldats. La jeune armée qui venait de conquérir si glorieusement Alger, l'accueillit avec le même enthousiasme ; et lorsqu'environ un mois après les événemens de Paris, le général Clausel alla y prendre la place de M. de Bourmont, il trouva les vainqueurs de Sidi-Ferruc dans les mêmes dispositions que les soldats qu'il avait laissés en France. L'autorité du gouvernement national fut reconnue avec aussi peu d'opposition par la brave armée de Morée, libératrice de la Grèce. Cette prompte soumission des troupes, tant à l'intérieur qu'en dehors du territoire, fut due à leur excellent esprit, non moins qu'aux mesures du ministre de la guerre, le général Gérard, à qui Louis-Philippe, en récompense de ses services, confirma le titre de maréchal de France, que Napoléon lui avait conféré dans les Cent-jours. Par lui furent arrêtés les mouvemens d'infanterie et de cavalerie réunis à Saint-Omer et à Lunéville, que le précédent gouvernement faisait marcher sur Paris, et d'autres officiers généraux furent mis à la tête de ces corps. Il licencia ensuite l'ex-garde royale, et la maison militaire de Charles X, congédia les régimens suisses, et répartit dans le reste de l'armée les chevaux et objets d'équipement appartenant à ces troupes. Le vide que ce licenciement faisait dans nos forces militaires fut aussitôt comblé. Le régiment des lanciers d'Orléans, deux régimens d'infanterie de ligne et six bataillons d'infanterie légère furent créés à Paris. On rappela tous les militaires en congé. Cent cinquante mille hommes de nouvelle levée furent en outre réunis sous les drapeaux. Les régimens d'infanterie purent ainsi être portés à quatre bataillons; ceux d'infanterie légère à trois, et les régimens de cavalerie à six escadrons. Un grand nombre d'officiers généraux, connus par leur dévouement aveugle au gouvernement déchu, furent remplacés par ces vieux capitaines de l'ancienne armée, qui tous avaient gagné leurs épaulettes à la pointe de leur épée et faisant face à l'ennemi. Ainsi vingt-quatre lieutenans-généraux, trente-un maréchaux-de-camp en retraite ont été appelés à l'activité, soixante-trois commandans de place remplacés, cinquante-trois généraux ou colonels, condamnés pour délits politiques, réintégrés; six cent onze emplois dans les régimens donnés à d'anciens officiers, et seize nouvelles batteries d'artillerie organisées. Le commandement des divisions militaires fut confié à des hommes dont le nom seul rappelait de glorieux souvenirs et d'éclatans services. Les généraux Pajol, dans la première division, Lamarque dans la Vendée, Bachelu à Lyon, Delort à Marseille et Janin à Bordeaux, n'eurent qu'à se présenter aux troupes pour en être reconnus et accueillis avec transport, au nom du gouvernement national qu'ils venaient proclamer. Dès lors, la cause du peuple devint celle de l'armée, et comme lui elle se prépara avec ardeur à défendre et à faire respecter partout les principes de la révolution de juillet.

Nous avons dit avec quel empressement, à la voix de son vieux général, s'était reformée la garde nationale de Paris ; ce zèle se soutint tellement que, sur la fin du mois d'août, le Roi put réunir au Champ-de-Mars soixante mille hommes armés et équipés, la plupart même déjà dressés aux exercices militaires. C'était le jour fixé pour la distribution des drapeaux. Jamais plus belle revue n'avait charmé les yeux et fait palpiter les cœurs français d'un plus noble orgueil. Louis-Philippe arriva au Champ-de-Mars porté en quelque sorte dans les bras des citoyens. Le général Lafayette l'accompagnait, et ce fut dans les mains de l'ami de Wasghinton que le Roi remit le nouvel oriflamme surmonté du coq gaulois, en faisant aux gardes nationaux rassemblés l'allocution suivante :

« C'est avec plaisir que je vous confie
« ces drapeaux ; et c'est avec une vive
« satisfaction que je les remets à celui qui

« était, il y a quarante ans, à la tête de
« vos pères, dans cette enceinte.

« Ces couleurs ont marqué parmi vous
« l'aurore de la liberté ; leur vue me rap-
» pelle avec délices mes premières années.
« Gages assurés de la victoire contre les
« ennemis de la France, que ces drapeaux
« soient à l'intérieur la sauve-garde de
« l'ordre public et de la liberté ! Que ces
« glorieuses couleurs, confiées à votre
« patriotisme et à votre fidélité, soient à
« jamais notre signe de ralliement ! Vive la
« France ! »

Ces paroles de gloire et de liberté trouvèrent leur écho dans la France, et partout enfantèrent des milliers de nouveaux soldats citoyens ; les Chambres seules ne parurent pas les comprendre. A en juger par leurs actes, on dirait même qu'effrayées de de cet enthousiasme général, elles faisaient tout ce qui était en leur pouvoir pour l'amortir, et pour concentrer dans les bornes de la restauration, une révolution qui, dans son origine, s'était montrée comme l'aurore d'une régénération nouvelle. C'est ainsi qu'on les vit consacrer l'inamovibilité des juges de Charles X., de ces mêmes hommes qui avaient si souvent vendu la justice au pouvoir et qui vinrent alors avec la même complaisance prêter serment de fidélité à un état de choses dont ils avaient été les plus ardens persécuteurs : scandale abominable et qui, dans plusieurs tribunaux, souleva la clameur publique contre les juges apostats. Ainsi, dans la loi relative à l'organisation de la garde nationale, les législateurs de 1830 ne furent occupés que du soin de restreindre le principe électoral qui doit en faire la base, et, substituant la formation des compagnies par commune à celle des bataillons cantonnaux, rendirent à-peu-près nuls pour les campagnes les bienfaits de cette grande institution. Et cependant, après les journées de juillet, la garde nationale, se recréant d'elle-même, n'était pas allée chercher ses officiers supérieurs dans la boue; et, si la France devait être en proie à une nouvelle invasion, c'est dans la population des campagnes qu'il faudrait chercher ses plus intrépides défenseurs. Le même principe d'injuste défiance envers le peuple présida à la rédaction de la loi municipale ; on y abandonna au chef de l'état la nomination du maire et des adjoints ; ces magistrats, il est vrai, doivent être pris dans le sein du conseil municipal élu par la commune ; mais le droit d'élection est soumis à un cens arbitraire, qui en exclut la majorité des habitans, comme si l'humble possesseur d'un champ ou d'une chaumière n'a pas plus d'intérêt encore que le riche propriétaire à ce que la commune soit bien administrée. Pour justifier cette injuste distinction, on osa même poser en principe, dans la discussion de la loi, que les besoins de la commune n'étaient pas représentés par ceux du plus grand nombre de ses habitans. Ingrates en outre envers la garde nationale, dont elles venaient tout récemment encore d'éprouver la généreuse protection, les deux Chambres allèrent jusqu'à refuser ce misérable droit d'élection municipale à des hommes qui, sans parler du sacrifice de leurs personnes, sont, par les seuls frais de garde et d'équipement, soumis à un impôt annuel plus fort que la rétribution censitaire exigée par la loi. Enfin la loi concernant l'élection des députés, cette loi qui devrait offrir à la liberté ses plus solides garanties, achève de mettre à nu l'esprit timide et égoïste des législateurs de 1830. Après la plus scandaleuse discussion où la science, l'intelligence, la vertu, les services rendus à la patrie, ravalés d'abord au taux de l'argent, se virent enfin entièrement sacrifiés à la richesse ignorante, le cens électoral fut fixé à 200 francs d'impositions directes, et celui d'éligibilité à 500 francs. Bientôt après, le gouvernement, pour faire face aux nouveaux besoins de l'état, demanda, sous le nom de centimes additionnels, un surcroît d'impositions, qui devait augmenter considérablement le nombre des électeurs et des éligibles. L'impôt étant la seule condition du droit électoral, il paraissait en effet tout naturel de faire jouir du droit le citoyen qui remplissait la condition. Les Chambres en ont jugé autrement ; elles ont voté l'impôt sans tenir compte aux contribuables de leurs centimes additionnels. Il y aura ainsi moins d'électeurs, et c'est ce que voulait le ministère. Mais est-ce donc ainsi qu'on entend la révolution de juillet, qu'on satisfait à l'opinion publique?

De ce malheureux système de défiance, commencé par les premiers ministres de Louis-Philippe, il résulta bientôt une inquiétude, un malaise général, dont les ennemis de son gouvernement tirèrent habilement parti pour porter le peuple à de déplorables excès. Une proposition généreuse, mais intempestive, servit de prétexte aux premiers troubles. Quatre des ministres signataires des ordonnances du 25 juillet avaient été arrêtés, MM. Peyronnet, de Chantelause et Guernon-Ranville à Tours, et M. de Polignac à Granville, sur les côtes de Normandie, au moment où il allait s'embarquer pour l'Angleterre. Transférés dans la citadelle de Vincennes, ils y attendaient leur jugement devant la Chambre des pairs. L'instruction de ce grand procès était à peine commencée, lorsque M. de Tracy, gendre du général Lafayette, cédant à un profond sentiment d'humanité, proposa à la Chambre des députés de voter l'abolition de la peine de mort pour cause de délits politiques. Cette proposition fut accueillie avec faveur par les deux Chambres. Le Roi lui-même ne put qu'applaudir à une mesure qui était si bien en harmonie avec la bonté de son cœur ; et certes, dans notre France surtout, depuis quarante ans, bouleversée par tant de factions contraires, il ne peut y avoir qu'une voix sur la nécessité de mettre un terme à des proscriptions qui ont fait tomber sur l'échafaud les têtes de tant d'innocentes victimes. Nous croyons seulement que le temps était mal choisi pour une proposition semblable ; il fallait en appliquer le bienfait aux ministres coupables, mais sans en faire l'objet d'une longue et solennelle délibération. Pour le peuple, en effet, élevé comme il l'est, l'abolition de la peine de mort en faveur de grands personnages équivaut presque à une absolution. Or, demander à un peuple mitraillé pendant trois jours et encore tout saignant de ses blessures, l'impunité des auteurs du massacre, c'était, il faut en convenir, trop exiger de sa générosité. Du côté gauche, il est vrai, était parti le cri de grâce et de clémence ; mais les restrictions qu'avaient mises à leur serment plusieurs membres du côté opposé, leurs discours presque approbateurs des ministres de Charles X, persuadèrent facilement à la multitude qu'on voulait dérober ces derniers à la peine qui leur était due. S'imaginant donc que justice lui était refusée, elle voulut se la rendre elle-même. Ameuté par des placards séditieux, un rassemblement de quatre à cinq cents hommes se porta, dans la soirée du 17 octobre, au Palais-Royal, en demandant à grands cris la mort des ministres. La garde nationale les dispersa sans opposition. Ils prirent alors la route de Vincennes, par le faubourg St.-Antoine. Quelques-uns, en petit nombre, étaient armés ; d'autres avaient des bâtons. Arrivés devant le fort, ils exigeaient qu'on leur livrât les coupables. Le général Daumesnil, ce brave à la jambe de bois, qui deux fois avait défendu si vaillamment Vincennes contre les troupes étrangères, leur répondit qu'il se ferait plutôt sauter en l'air, lui, la forteresse et le faubourg St.-Antoine, que de rendre des prisonniers confiés à sa garde. Loin d'irriter les mutins, cette énergique menace fut accueillie par eux aux cris de *Vive Daumesnil ! Vive la jambe de bois !* et ils se retirèrent.

Les troubles n'eurent pas d'autre suite ; la proposition intempestive fut ajournée, et un nouveau ministère parut sur la scène. MM. de Broglie, Guizot, Louis et Molé sortirent du conseil pour faire place à MM. Montalivet à l'intérieur, Mérilhou à l'instruction publique et le maréchal Maison aux affaires étrangères, où il échangea bientôt ce poste contre l'ambassade d'Autriche; il y fut remplacé par le général Sébastiani qui céda à M. d'Agout son ministère de la marine. Les ministres sans porte-feuilles furent supprimés, et M. Lafitte reçut, avec l'administration des finances, la présidence du conseil. Certes un tel nom ne pouvait qu'inspirer toute confiance, et semblait promettre à la France, de la part de son gouvernement, une marche plus franche, plus hardie, plus conforme en un mot au caractère national. Mais gêné à la fois par les Chambres et par ses collégues, M. Lafitte se vit en quelque sorte obligé de suivre le même système de demi-mesures et de temporisation. Nous allons en voir les tristes effets.

Le 15 décembre, s'ouvrirent devant la Chambre des pairs les débats du procès des ministres. Toute latitude fut donnée à a défense, et l'on peut dire, dans l'intérêt même des accusés, que les éloquens avocats de cette mauvaise cause en abusèrent souvent. Rien ne peut justifier en effet la violation des lois. Une vérité incontestable qui résulta de ces débats solennels, c'est que Charles X avait en quelque sorte commandé les ordonnances à ses ministres, et s'était jusqu'à la fin obstiné à en pousser l'exécution jusqu'aux dernières extrémités. On a cru excuser par là les dociles instrumens de sa volonté. Mais quoi ! serions-nous donc encore dans un temps où le bon plaisir d'un homme doit servir de règle de conduite à un autre homme et d'excuse à tous les forfaits? Plusieurs pairs le jugèrent ainsi sans doute, et, manquant à leurs devoirs de juges, donnèrent aux accusés les marques les moins équivoques de leur intérêt. Le peuple indigné s'ameuta de nouveau ; mais des mesures avaient été prises pour faire respecter les délibérations de la justice et l'autorité de la chose jugée.

Des bataillons entiers de garde nationale, veillaient tant à l'intérieur qu'aux environs du Luxembourg où se débattait ce grand procès. Cependant, plus l'issue approchait, plus les rassemblemens devenaient nombreux et menaçans pour les ministres. Dans la nuit du 20 décembre, le Luxembourg fut sur le point d'être forcé et envahi par une troupe de furieux. La présence du courageux Lafayette eut seule le pouvoir de les faire reculer. Le lendemain, jour du jugement, toute la garde nationale fut mise sur pied; celle de la banlieue accourut aussi en toute hâte, et plus de trente mille hommes armés occupèrent toutes les avenues de la Chambre des pairs. Mais, lorsque le jugement fut connu, il y eut dans la multitude un tel soulèvement que la garde nationale, animée d'ailleurs des mêmes sentimens, ne parvint qu'avec la plus grande peine à le comprimer. Lafayette paya encore ce jour-là généreusement de sa personne. Le 21, nouveaux attroupemens, peut-être plus terribles encore que ceux de la veille. Cette fois-ci le peuple s'en prenait à la garde nationale, l'accusant d'avoir laissé échapper les condamnés qui lui étaient confiés et que le ministre de l'intérieur avait fait, dans la nuit, fort prudemment reconduire à Vincennes. On ne sait en vérité où se serait arrêtée cette exaspération, si les élèves de l'école polytechnique et des autres écoles savantes ne fussent venus se joindre à la garde nationale, afin de bien convaincre les mutins qu'ils ne devaient espérer de leur part aucun appui. En même temps une députation des écoles allait présenter ses services au Roi qui les acceptait avec reconnaissance. On ne peut nier que le concours de ces braves jeunes gens n'ait puissamment contribué au rétablissement de la paix publique. Le lendemain Paris offrit l'image de la plus profonde tranquillité. Le Roi passa en revue les douze légions dans leurs arrondissemens respectifs, et jamais peut-être la garde nationale et la population ne lui donnèrent de plus éclatans témoignages de dévouement. Il était facile de voir par là que les émeutes des jours précédens, causées par une exaspération bien naturelle contre les ministres de

Charles X, n'avaient rien d'hostile contre l'ordre de choses établi. Quelques cris isolés, quelques vaines bravades en donnèrent au gouvernement une opinion différente. Ces troubles lui parurent le résultat combiné d'un triple complot carliste, républicain et napoléoniste ; et, plus que jamais, il persista dans son malheureux système. La Chambre des députés, il est vrai, vota, au nom de la nation, des remercîmens à la garde nationale et à la jeunesse des écoles ; mais, dans ses actions de grâces aux élèves, elle sembla mettre des restrictions qui blessèrent justement ceux-ci. La garde nationale elle-même ne fut pas mieux traitée. Qui croirait que ce fut le temps que l'on choisit pour lui enlever son vénérable chef, le fondateur comme le plus ferme appui du trône nouveau, celui qui, la veille encore, avait fait preuve d'un si utile dévouement, le général Lafayette enfin ? Comme lui, Dupont de l'Eure et Odillon-Barrot, alors préfet de la Seine, vainement réclamèrent une plus franche exécution des promesses de juillet. Ils offrirent aussi leur démission. Celle du premier fut acceptée, la destitution du second fut seulement ajournée.

Dès lors le gouvernement parut moins disposé à complaire à ses amis qu'à ses ennemis acharnés et irréconciliables. Son attitude envers les puissances étrangères, au lieu d'être forte et imposante, devint de plus en plus humble et soumise. Il affecta de caresser à l'intérieur les partisans de la monarchie déchue, sans pouvoir se flatter d'avoir gagné parmi eux un ami. Les fleurs de lis avaient été conservées dans le sceau de l'État, comme armoiries de la maison d'Orléans; on parla sérieusement de les faire figurer aux quatre coins des drapeaux tricolores qui devaient être distribués aux troupes. Les choses enfin en vinrent au point qu'un bruit général se répandit que le gouvernement travaillait ainsi pour préparer lui-même les voies au retour de Henri V; opinion absurde sans doute, mais qui n'eût pas même trouvé une oreille crédule, pour peu que l'administration eût montré de vigueur et de sympathie avec la nation. Certes ce n'est point nous qui viendrons jamais conseiller au pouvoir des mesures d'injuste rigueur contre ceux qui ne partagent point les sentimens politiques du plus grand nombre de leurs concitoyens ; nous croyons seulement, qu'en temps de révolution, il n'y a qu'une manière d'épargner les vaincus, c'est de bien les convaincre que toute espérance coupable est perdue pour eux ; et cela, non par des vexations qui ne font qu'aigrir les esprits, mais par une conduite ferme et sévère qui les maintient dans l'obéissance. Une générosité mal entendue, réveillant l'inquiétude et les animosités du peuple, devient fatale à ceux que l'on veut protéger ; et l'on se croit ensuite obligé, pour satisfaire à l'opinion triomphante, de recourir contre eux à des moyens de répression arbitraires qui ne contentent personne. C'est ce que prouvèrent bientôt les tristes événemens du 14 févier.

Ce jour était l'anniversaire de la mort du duc de Berry ; assassinat déplorable sans doute, mais arrivé, il y a onze ans, par le fait d'un seul homme, et pour lequel on ne faisait plus même depuis long-temps de service religieux public. Ce fut néanmoins ce jour là que choisirent les partisans de Charles X, pour donner au fils de la victime un éclatant témoignage de leur attachement. En conséquence, leurs journaux annoncèrent la célébration d'un service expiatoire dans l'église de St.-Roch, en mémoire du duc de Berry. Si une piété sincère ou de simples regrets eussent guidé ceux qui conseillaient cet acte religieux, ils se fussent contentés de le célébrer en silence, comme l'avait été trois semaines auparavant le service du 21 janvier, qui nulle part ne donna lieu à aucun trouble. Mais le soin que prirent les journaux du parti de l'annoncer à son de trompe, plusieurs jours à l'avance, leur redoublement d'injures contre le gouvernement né de la révolution de juillet, leurs coupables espérances hautement proclamées, tous les renseignemens enfin qui parvinrent à la police, ne laissèrent aucun doute sur les véritables intentions de tous ces faux dévots. Aussi le curé de St.-Roch, averti par l'autorité, eut-il la sagesse de leur fermer son église. Celui de St.-Germain-l'Auxerois se montra plus docile à leurs inspirations ; et, comme pour mieux braver l'opinion publique, le prétendu service expiatoire fut célébré dans ce temple, à deux pas des modestes tombeaux des vainqueurs de juillet. Aucun acte séditieux, aucun mouvement extérieur, ne troubla d'abord la cérémonie ; mais, au moment où les assistans allaient sortir de l'église, l'un d'eux, jeune élève de l'école de St.-Cyr, attacha au catafalque du prince mort une lithographie représentant son jeune fils, et surmontée d'une couronne d'immortelles. Alors, dit-on, des cris coupables se firent entendre, des sermens téméraires furent prêtés devant les autels. Informé de cet insultant appareil de révolte, le peuple que les annonces emphatiques des journaux royalistes avait rassemblé en foule autour de St.-Germain-l'Auxerois, en témoigna d'abord la plus vive indignation. De là, s'animant de plus en plus à l'aspect des tombeaux des victimes de juillet, excité sans doute aussi par des artisans de désordres, il se porta aux plus déplorables excès. Les portes de l'église furent enfoncées, et la multitude s'y précipitant ne respecta pas plus le lieu saint que ne l'avaient fait ceux qui venaient de le rendre le théâtre d'une ridicule conspiration. Le catafalque encore debout fut renversé et foulé aux pieds ; l'autel fut également profané, les statues des saints renversées et les tableaux déchirés en pièces. Des fleurs de lis ayant été aperçues sur la croix qui surmonte l'édifice religieux, le maire du 4.ᵉ arrondissement, afin de prévenir de plus grands malheurs, la fit descendre de son piédestal. La maison du curé de St.-Germain-l'Auxerois fut également pillée et ravagée de fond en comble. Cependant, par un sentiment de justice qu'on doit admirer au milieu de ce déchaînement de toutes les passions, le peuple épargna religieusement l'appartement où demeurait, près du curé, l'abbé Paravey, le respectable prêtre qui avait prononcé les dernières paroles de la religion sur les tombeaux du Louvre. Mais s'imaginant à tort ou à raison que l'archevêque de Paris n'avait pas été étranger à la cérémonie de St.-Germain-l'Auxerois, la populace furieuse courut à son palais, dont l'ameublement fut jeté dans la Seine. La garde nationale arriva trop tard pour arrêter ces tristes dévastations ; elle empêcha du moins qu'elles n'allassent plus loin. Cependant le gouvernement ne put calmer l'agitation du peuple qu'en faisant disparaître les fleurs de lis du sceau de l'État et des édifices où elles avaient été conservées. Le Roi fit entendre aussi à la garde nationale et au peuple un langage généreux et digne de lui ; et tout rentra bientôt dans l'ordre. Mais quelques villes de France, suivant l'exemple de la capitale, virent se renouveler dans leur sein les mêmes scandales ; et ce fut toujours une chose des plus fâcheuses que ces insultes publiques faites à la religion de la majorité des Français, après une révolution qui avait montré jusqu'alors le plus grand respect pour tous les cultes comme pour toutes les propriétés.

Les divers partis s'accordèrent à blâmer la conduite du gouvernement dans ces circonstances. Le complot, si c'en était un, étant connu d'avance, il eût été facile de le prévenir. Si le respect dû à la libre profession des cultes ne permettait pas l'interdiction du service, l'autorité devait du moins déployer, autour de l'église, des forces nécessaires pour comprimer à l'instant tout mouvement séditieux. Mais rien n'avait été prévu, et rien par conséquent ne fut empêché. La violence succéda bientôt à la faiblesse. Les excès qui venaient d'être commis avaient pour première cause l'irritation populaire excitée par un système de politique devenant de plus en plus contraire au principe de la révolution. Au lieu de profiter de cette nouvelle et terrible leçon, le gouvernement s'obstina à ne voir dans l'affaire de St.-Germain-l'Auxerrois que les élémens de la triple conspiration qu'il poursuivait. Ainsi, en même temps qu'on jetait dans les cachots les vainqueurs de juillet, comme républicains et bonapartistes, le télégraphe ordonnait sur tous les points de la France des visites domiciliaires chez les partisans du pouvoir déchu. Cependant M. Lafitte, n'ayant que le vain titre de président d'un conseil dont la majorité était contraire à ses intentions, donna sa démission; M. Mérilhou suivit son exemple; et, après de longues hésitations, le Roi forma une nouvelle administration, à la tête de laquelle fut placé M. Casimir Périer, avec le porte-feuille de l'intérieur; le maréchal Soult resta à la guerre, et le général

Sébastiani aux affaires étrangères ; l'amiral de Rigny fut appelé à la marine ; M. Barthe passa aux sceaux, laissant l'instruction publique à M. de Montalivet ; on créa en faveur de M. d'Agout un ministère du commerce, et le baron Louis revint aux finances. Tel est le ministère qui nous régit encore aujourd'hui, et dont l'honorable chef est venu proclamer le système de paix et de juste milieu entre des partis qui deviennent de plus en plus menaçans, et à la face des armemens immenses que les rois coalisés préparent de nouveau contre la France. C'est ici le lieu de jeter un coup-d'œil rapide sur nos relations extérieures.

La révolution de juillet avait été le signal de l'émancipation de tous les peuples. L'Angleterre, cette terre classique de l'aristocratie, l'avait saluée la première avec enthousiasme, et de nombreux dons volontaires en faveur des blessés des trois grandes journées étaient venus déposer de sa sympathie pour eux. Bientôt la Belgique secoue ses fers, et après des combats plus meurtriers encore que ceux livrés dans les rues de Paris, se délivre à jamais de la domination es Nassau. Les petits états de l'Allemagne réclament aussi leurs vieilles franchises et de nouveaux priviléges. Le duc de Brunsvich est chassé de sa capitale, et le roi de Saxe forcé d'abdiquer en faveur de son fils. La confédération du Rhin, formée jadis sous la protection de Napoléon, fait éclater de la manière la plus énergique sa haine contre les Prussiens. La Suisse elle-même arrache à son aristocratie féodale un système de gouvernement plus conforme à son titre de république. Le midi de l'Europe n'est pas moins agité que le nord. Toujours trompés dans leur espoir, les patriotes de l'Espagne et du Portugal font toujours de nouveaux efforts pour arracher leur malheureux pays au double joug du despotisme et de la superstition ; et aujourd'hui encore ce n'est que par les massacres la terreur que les tyrans de ces deux royaumes peuvent y étouffer le cri de liberté. L'Italie aussi, cette belle esclave toujours frémissant sous ses chaînes, s'était moment relevée dans sa gloire et marchait à grands pas vers l'accomplissement ses antiques destinées. Enfin l'héroïque

Pologne, seule, abandonnée à elle-même, pressée de tous côtés par d'innombrables bataillons, donnait au monde un des plus beaux spectacles qui jamais aient été offerts à l'admiration des hommes. Certes, en présence de tels événemens, le rôle de la France devait être aussi grand que facile à jouer. La première, elle avait donné le signal de la sainte insurrection ; à elle aussi la première il appartenait de soutenir partout les justes droits des peuples ; et cela, non par un vain esprit de propagande, comme le reprochent à leurs adversaires les partisans de la paix à tout prix, mais parce que ses propres intérêts, non moins qu'une générosité bien placée, lui en font un devoir. Au lieu de cela, qu'avons-nous fait? Nous avons été, chapeau bas, solliciter auprès des autres souverains une reconnaissance que nous devions leur commander la lance au poing; et tremblans pour eux-mêmes, n'étant pas encore en mesure pour nous attaquer, ils se sont empressés de nous l'accorder. La Belgique s'est offerte à nous ; nous l'avons repoussée; négligeant par là l'occasion la plus favorable et la plus juste à la fois de recouvrer nos frontières naturelles. Elle nous a demandé un fils de Louis-Philippe pour la gouverner ; le royal enfant lui a été refusé. C'est alors qu'a été posé par notre gouvernement ce fameux principe de non-intervention, auquel nous obéissons à la lettre en tout ce qui peut être contraire à nos intérêts, mais que les autres puissances peuvent violer impunément suivant les besoins de leur tyrannie. Ainsi, nous avons ordonné le désarmement des Espagnols et des Italiens rassemblés aux pieds des Alpes et des Pyrénées pour voler à la défense de leur patrie ; nous laissons la Pologne se débattre seule contre toutes les forces de l'autocrate. L'Autriche, sans la moindre opposition de notre part, rétablit en Italie l'autorité de la schlague et du sabre ; déjà ses armées ont occupé non-seulement Modène, Parme, Plaisance, Ferrare, villes à la domination desquelles nous avons bien voulu lui reconnaître des droits; mais elles ont envahi Bologne, violé la neutralité de la Toscane, et au moment où nous écrivons, elles marchent à grands pas vers la capitale des États romains.... et nous paraissons toujours le souffrir! D'un autre côté la Prusse menace d'enlever le duché de Luxembourg à la Belgique. Ainsi, menacés de plus en plus d'une nouvelle invasion, nous attendons patiemment que la Russie ait écrasé la Pologne, l'Autriche envahi le Piémont et le roi de Hollande la Belgique, pour soutenir sur notre territoire une lutte inégale et dans laquelle nous ne pouvons triompher que par une résistance désespérée. Faut-il s'étonner si, dans un état de choses qui accuse au moins l'imprévoyance de ceux qui nous gouvernent, les départemens qui doivent supporter les premiers le débordement de toutes les forces de l'Europe, ont formé des associations pour la défense du territoire et l'exclusion perpétuelle des princes parjures que l'on voudrait de nouveau nous imposer? Le gouvernement a cru devoir blâmer ces patriotiques associations, comme établissant un nouveau pouvoir dans l'état. Sans doute, il est fâcheux que les citoyens n'aient pas assez de confiance en ceux qui sont à la tête des affaires pour leur abandonner entièrement le soin de la défense commune. Mais ce manque de confiance, à qui en est la première faute? Ce n'est pas certes aux généreux citoyens qui ont élevé le trône de Louis-Philippe, et dont les noms figurent les premiers dans les listes d'associations. Nous voulons bien ne pas rendre le ministère actuel responsable des fautes de ceux qui l'ont précédé. Mais il n'y avait, dans les circonstances où nous nous trouvons, qu'un seul moyen pour lui de recouvrer la confiance générale, c'était de se mettre franchement à la tête de ces fédérations, afin de leur imprimer une direction conforme au double but dans lequel elles ont été créées. Il fallait du moins, si le gouvernement était assez aveugle pour les juger contraires à son existence, se contenter de le dire, sans forcer à une honteuse rétractation des fonctionnaires publics, que les plus honorables motifs y avaient engagés. Mais vouloir faire opter entre une place et l'infamie, pour des hommes d'honneur le choix n'est pas douteux. Aussi la plupart ont-ils mieux aimé subir une destitution ou offrir leur démission; et c'est ainsi que, par une inconcevable fatalité, on voit s'éloigner des affaires les Alexandre Laborde, les Odillon-Barrot, les Dubois-Aymé, les généraux Lamarque, Bachelu, Sémélé, en un mot les principaux fondateurs du nouveau gouvernement, qui ne s'étaient associés que pour le défendre jusqu'à la dernière goutte de leur sang.

Les événemens se pressent avec une telle rapidité que, au moment où nous terminons cet ouvrage, ils sont déjà venus réaliser en partie nos tristes prévisions. Ainsi le ministère français, après avoir refusé la réunion de la Belgique à la France, après plus de huit mois perdus en vaines négociations, s'est trouvé trop heureux d'offrir à un prince anglais la couronne de ce beau pays ; et, fatiguée des lenteurs et des déceptions de la diplomatie, la Belgique s'est jetée avec une espèce de joie dans les bras d'un souverain avec qui sa religion, ses mœurs et ses habitudes n'ont pas la moindre sympathie. En même temps qu'on réduisait les Belges à cette funeste extrémité, on trouvait le moyen de blesser profondément leur fierté en exigeant la démolition des places fortes que la sainte-alliance avait élevées sur nos frontières, mais qui, dans l'état actuel des choses, ne peuvent plus servir qu'à la défense commune de la France et de la Belgique. Les troupes autrichiennes ont occupé paisiblement les états du Saint-Siége; et si, au bout de trois mois, elles paraissent s'en éloigner, c'est pour se concentrer autour de Ferrare, prêtes au moindre signal à se jeter de nouveau sur leur proie. Une amnistie dérisoire, dont sont exclus les plus généreux citoyens, quelques vaines modifications dans les formes du gouvernement papal, voilà à quoi s'est bornée l'intervention de la France en faveur des malheureux Italiens. Le duc de Modène n'en a pas moins fait pendre à la porte de son palais le vertueux Menotti, et le sang des patriotes coule encore sur l'échafaud dans plusieurs villes d'Italie. L'héroïque Pologne elle-même continue à être la victime de notre abandon, et soutient une lutte de plus en plus désespérée contre des ennemis toujours plus nombreux et auxquels la Prusse offre aujourd'hui lâchement des secours de toute espèce. Profitant de cette incroyable faiblesse, don Miguel a cru pouvoir aussi nous outrager impunément; on n'a osé quelque chose que contre lui, et encore paraît-on ne vouloir tirer qu'une demi-satisfaction de ses injures. Ainsi, après avoir fait baisser pavillon à sa flotte, après avoir forcé l'embouchure du Tage, on s'arrête sous les murs de Lisbonne, et nos ministres traitent avec le tyran comme souverain de Portugal, tandis qu'ils font connaître ici la fille de don Pédro comme reine légitime de cette contrée. Cependant, à mesure qu'on cède aux puissances étrangères, elles se montrent plus exigeantes envers nous; leurs formidables armemens continuent; leurs troupes innombrables s'agglomèrent sur nos frontières; et la guerre, qu'on a voulu éloigner à tout prix, devient de plus en plus imminente et avec des chances chaque jour moins favorables pour la France.

Ce système de demi-mesures et de temporisation n'a pas été moins fatal à l'intérieur. Il a divisé les esprits que la révolution de juillet avait réunis dans un même sentiment d'amour pour la liberté. On en est venu presque à regarder comme ennemis les principaux auteurs de ce glorieux événement. Quelques rassemblemens qui n'ont jamais rien de bien offensif, quelques effervescences populaires ont été traitées de véritables séditions, et la police a déployé toutes ses rigueurs contre des jeunes gens dont tout le crime était de protester avec trop d'énergie contre un vicieux système de gouvernement. Le 14 juillet arriva au milieu de ces tristes dissentions ; et ce jour, anniversaire de la prise de la Bastille et de la fédération de 1790, ce jour qui pour la France libre sera toujours un grand jour, offrit à la capitale le plus douloureux spectacle. Malgré les ordres de l'autorité et les sages conseils des feuilles libérales, cinq ou six cents jeunes gens se réunirent pour célebrer cette fête par la plantation d'un arbre de la liberté. L'arbre fut en effet coupé dans les Champs-Élysées, et le cortége se dirigea vers la place de la Bastille aux cris de *vive la liberté!* Mais il avait à peine fait quelques pas qu'il fut arrêté sur la place de la Concorde par un bataillon de la garde nationale qui, au lieu de s'opposer à sa marche par des voies de douceur et de persuasion, se jeta précipitamment sur lui, maltraita et blessa même assez grièvement plusieurs personnes. Ce fut alors que des ouvriers, sinon soudoyés, du moins autorisés et lancés en avant par la police, se jetèrent sur quelques jeunes gens inoffensifs, et arrachant brutalement la cocarde tricolore qu'ils portaient à leurs chapeaux, foulèrent au pied ce glorieux emblême de notre gloire et de notre liberté. Le cœur nous saigne en rappelant ces indignes outrages, et dans un tel jour encore! Le bon sens public en a heureusement fait justice, et la garde nationale s'est empressée de désavouer ceux de ses membres qui s'étaient montrés trop dociles à de funestes inspirations. Cependant, les partisans du gouvernement déchu, enhardis par la marche faible et incertaine du ministère, lèvent aujourd'hui la tête, bravant presque ouvertement un peuple dont ils s'estimaient d'abord trop heureux d'obtenir un généreux pardon. Des bandes de chouans parcourent la Bretagne et la Vendée, désarment les patriotes et pillent leurs propriétés; des Verdets s'organisent dans le Midi, tendant déjà la main à l'Espagne; et, dans ces contrées qu'avec un peu plus de fermeté on eût aussitôt réduites à l'obéissance, nous sommes maintenant obligés d'entretenir une force armée considérable qui serait beaucoup mieux placée sur nos frontières. Ainsi menacés de la guerre civile et de la guerre étrangère, nous semblons ménager chaque jour à nos ennemis une victoire plus facile. Les intérêts matériels, auxquels on a voulu tout sacrifier, se ressentent nécessairement d'un tel état de choses. Les capitaux se resserrent, le commerce languit, l'industrie expire, les revenus de l'état diminuent, tandis que ses besoins augmentent, et nous supportons toutes les charges de la guerre, sans recueillir les bienfaits de la paix. Tels sont les effets du système de *juste milieu* adopté si mal à propos par le ministère du 13 mars.

Ce n'est pas que nous désespérions du salut de la patrie. Non, elle ne saurait périr, elle ne périra point cette noble

France, la maîtresse des arts, la reine de la civilisation! Nous en avons pour garant le courage et l'intelligence de ses habitans, ainsi que les vertus privées du prince qu'elle a élevé sur le trône, et dans la vie duquel nous nous sommes complu à faire ressortir tout ce qui pouvait le rendre cher au peuple. Espérons que la nouvelle chambre, mieux que l'ancienne, comprendra sa haute mission, et imprimera au gouvernement de Louis-Philippe un caractère de force et de grandeur digne de la nation, digne de son monarque. La session de 1831 s'est ouverte sous les plus heureux auspices. L'anniversaire des trois grandes journées de juillet, dans lequel venait se confondre aussi celui de la prise de la Bastille, a témoigné, à la face de l'Europe, tout ce qu'il y avait d'accord et d'énergie entre toutes les classes de citoyens pour le maintien des droits conquis en 1789 et en 1830.

Le premier jour était consacré au deuil des citoyens morts pour la défense des lois et de la liberté. Dès le matin, des postes d'honneur avaient été placés dans tous les lieux où reposent leurs restes; des services funèbres étaient célébrés dans les églises des différens cultes, et une foule innombrable venait répandre encore sur leurs tombeaux des larmes, des prières et des fleurs. A onze heures, le Roi, suivi d'un brillant état-major, dans lequel on distinguait l'ex-empereur du Brésil, Don Pédro, se rendit à la Bastille, pour y poser la première pierre d'un monument dédié aux glorieuses victimes de juillet. Les plus vives acclamations l'accueillirent sur son passage. De la Bastille, il continua sa marche vers le Panthéon, où les chants patriotiques de la *Marseillaise* et de la *Parisienne,* annoncèrent son arrivée. Plus de vingt mille spectateurs étaient réunis dans la vaste enceinte du temple de la gloire; et des larmes coulèrent de tous les yeux, pendant l'exécution d'une fort belle hymne funèbre composée par notre grand poète Victor Hugo, pour cette touchante commémoration.

Le Roi scella ensuite de sa propre main les quatre tables d'airain placées sous la voûte du temple, et sur lesquelles sont gravés les noms des illustres victimes. Alors se tournant vers les spectateurs, il leur adressa cette vive allocution :

« Après avoir scellé sur les murs de
« ce monument, consacré à toutes nos
« gloires nationales, ces tables d'airain
« destinées à perpétuer les noms de ceux
« qui, l'année dernière, à pareil jour, ont
« si vaillamment défendu le précieux dé-
« pôt des lois, de la charte et de la liberté,
« je viens vous exprimer tous les senti-
« mens dont mon cœur est rempli, en cé-
« lébrant avec vous l'anniversaire de ces
« glorieuses journées de juillet. Appelé par
« le vœu national à consolider cette vic-
« toire de mes braves concitoyens, mon
« premier devoir a été de veiller à l'im-
« partiale exécution des lois, pour assurer
« les libertés, la tranquillité et le bonheur
« de la nation.

« J'ai voulu aussi célébrer la mémoire
« du 14 juillet 1789. Assez vieux pour
« avoir vu cette grande victoire nationale,
« je jouis de pouvoir réunir aujourd'hui
« ces deux anniversaires dans la même
« commémoration, et de vous répéter

« qu'ayant toujours été dévoué à mon pays
« dans tous les temps et sous toutes les
« fortunes, dans nos armées comme dans
« l'exil, je serai toujours le fidèle gardien
« de ses droits, de son honneur et de son
« indépendance, toujours prêt à verser
« mon sang pour les défendre, et pour
« préserver la patrie de tous les maux qui
« pourraient la menacer. *Vive la France!* »

Les voûtes du temple retentirent de ce cri sauveur, auquel se joignaient les cris de *Vive le Roi! Vive Lafayette!* et les nouveaux accens de nos chants de gloire et de liberté.

Le lendemain, des jeux, des danses, des joûtes sur l'eau, des divertissemens de toute espèce appelèrent le peuple au Champ-de-Mars, aux Champs-Elysées, aux Tuileries, sur les bords de la Seine ; et de tous les quartiers il s'y porta avec empressement, en habits de fête, faisant éclater une joie dont, depuis long-temps, on n'avait pas vu d'exemple. Partout il régna un ordre aussi parfait que celui qui suivit la victoire des trois journées ; et cela, sans l'intervention de la police et de la force armée. Mais le troisième jour offrit surtout un spectacle admirable, et qui rappela aux vieillards la grande fédération de 1790. Ce jour-là devait être une fête toute militaire, consacrée à la revue de la garde nationale de Paris et de sa banlieue, et de la troupe de ligne. Dès huit heures du matin, plus de cent mille hommes de toutes armes étaient répandus le long des Boulevards, depuis la barrière du Trône jusqu'à la barrière de l'Etoile, c'est-à-dire dans un espace de plus de deux lieues. Les gardes nationaux firent les honneurs de la fête aux soldats de la ligne qui, l'année dernière, avaient si généreusement refusé de tirer snr le peuple. Des rafraîchissemens de toute espèce furent abondamment distribués à ces braves, et en attendant le défilé, lorsque le roi eut passé devant le front de toutes les troupes, les armes ayant été mises en faisceaux, gardes nationaux et soldats se mirent gaiment à chanter à l'entour. Pendant ce temps, on chantait la *Marseillaise* et la *Parisienne*, que répétait en chœur l'innombrable population, témoin de ce beau spectacle. La garde nationale criait : *Vive la ligne!* et la ligne lui répondait par le cri de : *Vive la garde nationale!* Il manquait cependant à tout cela un cri dans lequel vinssent se confondre les sentimens du garde national, du soldat et de l'homme du peuple, lorsque tout-à-coup s'est répandue la nouvelle, qui malheureusement n'est pas encore confirmée, d'une grande victoire remportée par les Polonais sur les troupes russes. La rapidité avec laquelle cette nouvelle a traversé Paris, au milieu d'un concours de plus de quatre cent mille citoyens, est un véritable prodige. Bientôt on n'a plus entendu que le cri : *Vivent les Polonais! Vivent nos frères! La Pologne est sauvée!* Alors la ligne, la garde nationale, la population se sont mêlées, on s'embrassait, on dansait, on se livrait aux mêmes transports de joie que lorsqu'on apprit, il y a un an, que Charles X et les siens avaient quitté Saint-Cloud. Le Roi a été souvent témoin de ces transports, et c'est au cri mille fois répété de *Vive la Pologne!* que toutes les légions de la garde nationale ont défilé devant lui sur la place Vendôme, au pied de la colonne immortelle élevée à la gloire de nos armes.

C'est par le tableau de ces fêtes populaires que nous croyons ne pouvoir mieux couronner une œuvre qui ne nous a été inspirée que par un ardent amour de la patrie, et par le désir de la voir libre, glorieuse et prospère, sous les lois d'un prince ami du peuple.

NOTICE

SUR

S. A. R. M.⁵ʳ LE DUC D'ORLÉANS,

FILS AINÉ

de S. M. Louis-Philippe Ier, Roi des Français.

———————

LA plus solide garantie du bonheur d'un peuple est sans contredit dans la bonne éducation des princes appelés à le gouverner; et, pour ceux-ci, la meilleure éducation qu'ils puissent recevoir est l'éducation publique. C'est par elle seulement qu'ils apprennent à se faire hommes. Ainsi le jeune Cyrus préludait avec les enfans de son âge, à ces grandes actions qui devaient le rendre un jour le dominateur de l'Orient; ainsi, dans des temps plus rapprochés de nous, Henri IV enfant, gravissant pieds nus et la tête découverte les montagnes du Béarn avec les petits paysans de la contrée, affermissait déjà son corps et son ame contre les obstacles à travers lesquels il devait se frayer le chemin du trône de France. Les sages de tous les pays s'accordent sur les bienfaits de l'éducation commune, appliquée aux princes; mais on se contentait de reconnaître cette vérité, et nul ne s'avisait de la mettre en pratique. De nos jours encore, dans tous les états civilisés, l'éducation des enfans des rois est abandonnée à des courtisans en titre qui, sous le nom de gouverneurs, ne sont en effet que les dociles instrumens de leurs moindres caprices, et se font même gloire du titre de leurs premiers sujets. C'est de la bouche de ces maîtres complaisans qu'ils apprennent que toute une nation est une propriété à eux dévolue par héritage et de droit divin, que régner n'est autre chose que dominer, que le peuple demande qu'on lui fasse sentir cette domination, et, pour nous servir de l'expression du poète :

« Que, s'il n'est opprimé, tôt ou tard il opprime. »

Ainsi élevés, ils deviennent grands sans connaître d'autres hommes que les courtisans qui les entourent, d'autres règles de conduite que celles de l'étiquette et du bon plaisir; et certes, il faut qu'ils aient reçu du ciel des grâces bien spéciales, pour que leur naturel ne soit pas entièrement corrompu par cette mauvaise éducation.

Honneur au prince qui nous gouverne ! son esprit supérieur l'élevant au-dessus des traditions de l'Œil-de-Bœuf, il n'a pas craint de faire élever en enfans du peuple ses propres fils, que le cours ordinaire des événemens pouvait appeler au trône ; et, depuis qu'il y est monté lui-même, fidèle à ses maximes, il veut encore qu'écoliers assidus, ils poursuivent jusqu'à la fin leurs études de collége. C'est ainsi qu'a été nourri le jeune prince auquel nous consacrons cette notice, et qui, d'après les lois de l'état, doit aussi porter un jour la noble couronne de France.

Ferdinand-Philippe-Louis-Charles-Henri-Roselin

d'Orléans, duc d'Orléans, naquit le 3 septembre 1810, à Palerme, ville capitale de la Sicile, où son auguste père supporta si courageusement les malheurs de l'exil. Il reçut d'abord le nom de duc de Chartres, affecté aux fils aînés de la maison d'Orléans, et qu'il a gardé jusqu'à l'époque à jamais mémorable où la volonté nationale plaça sur le trône de France le prince auquel il devait le jour. Ce fut en 1814 que, conduit en France avec les deux jeunes princesses ses sœurs par ses illustres parens, il vit pour la première fois sa véritable patrie. Dès qu'il fut en âge de concevoir et d'apprendre, Louis-Philippe commença à lui appliquer le système d'éducation qu'il suivit à l'égard de ses autres enfans. Il plaça d'abord auprès de lui, en qualité de précepteurs chargés de lui enseigner les élémens de la religion, de la morale et des lettres, des hommes non moins recommandables par leurs vertus que par leur savoir. Lui-même traçait le plan de leurs leçons, et chaque jour s'en faisait rendre le compte le plus exact; guidé en cela tant par ses propres lumières que par les cahiers que lui avait laissés Mme de Genlis sur sa propre éducation. Ainsi le père s'assurait en même temps de l'assiduité du maître et des progrès de l'enfant ; et jamais, comme il arrive trop souvent, nulle complaisance de sa part ne venait détruire le fruit d'une utile correction. Souvent même il assistait à ces exercices littéraires, encourageant par là le zèle du précepteur et de l'élève, ajoutant ses conseils aux leçons du premier, et tempérant par l'indulgence paternelle ce qu'offrent d'aride les principes des sciences. Doué d'heureuses dispositions, l'enfant fit de rapides progrès. Mais ces enseignemens n'étaient que des exercices préparatoires à son éducation, Louis-Philippe voulut qu'elle se fît toute entière avec les autres enfans ; et à l'âge de dix ans, il plaça son fils aîné au collége de Henri IV. Ce fut, comme on peut bien penser, un grand scandale à la cour de Louis XVIII, qui régnait alors ; mais le père fut sage de laisser crier les courtisans, tandis qu'il obtenait l'approbation de tout ce qu'il y avait en France de gens sensés et aimant leur pays. Voici entre autres, ce qu'en 1821 écrivait à ce sujet l'écrivain original à qui nous devons déjà un si bel éloge du prince qui nous gouverne, Paul-Louis Courrier, dans son *simple discours* sur la souscription proposée pour l'acquisition de Chambord, en faveur du duc de Bordeaux :

« Nos enfans, plus heureux que nous, vont con-
« naître leurs princes élevés avec eux, et en seront
« connus. Déjà voilà le fils aîné du duc d'Orléans,
« voilà le duc de Chartres au collége, à Paris.
« Chose assez simple, direz-vous, s'il est en âge d'é-
« tudier : simple sans doute, mais nouvelle pour
« les personnes de son rang. On n'a point encore
« vu de prince au collége ; celui-ci, depuis qu'il y
« a des colléges et des princes, est le premier qu'on
« ait élevé de la sorte, et qui profite du bienfait de
« l'instruction publique et commune ; et, de tant
« de nouveautés écloses de nos jours, ce n'est pas la
« moins faite pour surprendre. Un prince étudier,
« aller en classe ! un prince avoir des camarades !
« Les princes jusqu'ici ont eu des serviteurs et jamais
« d'autre école que celle de l'adversité, dont les

« rudes leçons étaient perdues souvent. Isolés à tout
« âge, loin de toute vérité, ignorant les choses et
« les hommes, ils naissaient, ils mouraient dans les
« liens de l'étiquette et du cérémonial, n'ayant vu
« que le fard et les fausses couleurs étalés devant
« eux; ils marchaient sur nos têtes et ne nous
« apercevaient que quand par hasard ils tombaient.
« Aujourd'hui, connaissant l'erreur qui les séparait
« des nations, comme si la clef d'une voûte, pour
« user de cette comparaison, pouvait en être hors et
« ne tenir à rien, ils veulent voir des hommes, sa-
« voir ce que l'on sait, et n'avoir plus besoin des
« malheurs pour s'instruire; tardive résolution qui,
« plutôt prise, leur eût épargné combien de fautes,
« et à nous combien de maux? Le duc de Chartres
« au collége, élevé chrétiennement et monarchique-
« ment, mais, je pense, aussi un peu constitution-
« nellement, aura bientôt appris ce qu'à notre grand
« dommage ignoraient ses aïeux, et ce n'est pas le
« latin que je veux dire, mais ces simples notions
« de vérités communes que la cour tait aux princes,
« et qui les garderaient de faillir à nos dépens. Jamais
« de dragonades ni de Saint-Barthélemy, quand les
« rois, élevés au milieu de leurs peuples, parleront
« la même langue, s'entendront avec eux sans tru-
« chement ni intermédiaire; de jacquerie non plus,
« de ligues, de barricades. L'exemple ainsi donné par
« le jeune duc de Chartres aux héritiers des trônes,
« ils en profiteront sans doute. Exemple heureux
« autant qu'il est nouveau! que de changemens il
« a fallu, de bouleversemens dans le monde pour
« amener là cet enfant! Et que dirait le grand roi,

« le roi des honnêtes gens, Louis le superbe, qui ne
« put souffrir, confondus avec la noblesse du
« royaume, ses bâtards mêmes, ses bâtards ! tant il
« redoutait d'avilir la moindre parcelle de son sang!
« Que dirait ce parangon de l'orgueil monarchique,
« s'il voyait aux écoles, avec tous les enfans de la
« race sujette, un de ses arrière-neveux, sans pages
« ni jésuites, suivre des exercices et disputer des
« prix ; tantôt vainqueur tantôt vaincu ; jamais,
« dit-on, favorisé ni flatté en aucune sorte, chose
« admirable au collége même (car où n'entre pas
« cette peste de l'éducation?) croyable pourtant, si
« l'on pense que la publicité des cours rend l'in-
« justice difficile, qu'entre eux les écoliers usent peu
« de complaisance, peu volontiers cèdent l'hon-
« neur, non encore exercés aux feintes qu'ailleurs
« on nomme déférences, égards, ménagemens, et
« qu'a produites l'horreur du vrai. Là, au contraire,
« tout se dit, toutes choses ont leur même nom pour
« tous ; là tout est matière d'instruction, et les meil-
« leures leçons ne sont pas celles des maîtres. Point
« d'abbé Dubois, point de menins : personne qui
« dise au jeune prince : tout est à vous, vous pou-
« vez tout, il est l'heure que vous voulez. En un
« mot, c'est le bruit commun qu'on élève là le duc
« de Chartres comme tous les enfans de son âge ;
« nulle distinction, nulle différence, et les fils de
« banquiers, de juges, de négocians, n'ont aucun
« avantage sur lui ; mais il en aura lui beaucoup,
« sorti de là, sur tous ceux qui n'ont pas reçu cette
« éducation. Il n'est, vous le savez, meilleure édu-
« cation que celle des écoles publiques, ni pire que

« celle de la cour. Ah! si au lieu de Chambord pour
« le duc de Bordeaux, on nous parlait de payer sa
« pension au collége, s'il était question de cela,
« de bon cœur j'y consentirais et voterais ce qu'on
« voudrait : il ne nous faudrait pas plaindre cette
« dépense; il y va de tout pour nous. Un roi ainsi
« élevé ne nous regarderait pas comme sa propriété,
« jamais ne penserait nous tenir à cheptel de Dieu
« ni d'aucune puissance. »

Le simple discours dont nous venons d'extraire cet admirable morceau, produisit alors la plus grande sensation ; elle fut même telle, que le ministère public alarmé, crut devoir en déférer l'auteur aux tribunaux, l'accusant d'offense envers la morale publique, et ce, parce qu'il avait parlé sans trop de ménagemens des mœurs peu régulières de la cour. Mais, sous ce vain prétexte, on poursuivait réellement, comme il le dit fort bien lui-même, l'écrivain assez hardi pour avoir osé non-seulement vanter l'excellence de l'instruction publique sur l'éducation de cour, mais encore présenter l'exemple donné par le duc d'Orléans comme un modèle à suivre pour tous les princes. C'était, en effet, courageusement flétrir d'avance l'éducation que l'on se proposait de donner au jeune héritier présumé de la couronne, livré, dès son bas âge, aux mains des grands seigneurs et des jésuites. Croirait-on que la coupable adulation de ces messieurs alla au point de faire composer pour leur royal élève une histoire de France, où tous les événemens étaient dénaturés pour la grande gloire des rois, où la révolution de 1789 n'était présentée que comme une série des plus exécrables forfaits, sans qu'il fût tenu compte ni des causes qui l'avait produite, ni des résistances qui l'avaient détournée de son véritable cours, ni des bienfaisantes institutions qui en avaient été le résultat; où enfin on avait l'impudeur d'attribuer au pacifique Louis XVIII les merveilleux exploits qui ont illustré l'empire du grand Napoléon! chose qui, pour le dire en passant, choqua tellement Charles X lui-même, qu'il ne put s'empêcher d'en témoigner un jour sa mauvaise humeur au précepteur évêque.

Pendant tout le temps qu'il resta au collége, le duc de Chartres y fut traité sans plus d'égards que ses autres camarades, tutoyé par eux et les tutoyant, partageant leurs jeux comme leurs études, assujéti à la même discipline, aux mêmes récompenses, aux mêmes corrections, tour à tour vainqueur et vaincu, souvent couronné de ces lauriers classiques, si doux pour le cœur des parens, quand ils ne peuvent être le prix de la flatterie, n'obtenant en un mot d'autre distinction que celle accordée par les écoliers à un bon caractère ou à un mérite réel. Aussi était-il généralement aimé, parce qu'il était bon camarade et studieux écolier, familier avec tous, ne tirant pas vanité de la haute position de ses illustres parens, comme il arrive quelquefois dans les colléges à de sots enfans d'une naissance ou d'une fortune bien autrement modeste. Ces franches et vives amitiés du premier âge, le prince royal les conserve encore envers ses anciens camarades; il n'en est aucun qu'il ne s'empresse de reconnaître et même d'obliger autant qu'il est en son pouvoir, sans cependant que son équité naturelle lui fasse sacrifier à ses propres affections des services rendus ou des droits acquis.

Ses classes terminées au collége de Henri IV, le duc de Chartres suivit quelque temps les cours de l'école polytechnique, s'animant avec ses nouveaux condisciples d'un amour plus vif encore pour la science et pour la patrie. En même temps on le voyait assidu et mêlé dans la foule des auditeurs à ces grandes leçons où MM. Guizot, Villemain, Cousin et Jouffroy, illustres professeurs, joignant l'éloquence au savoir, expliquaient avec tant de charme les hautes vérités de l'histoire, de la littérature et de la philosophie. Quelles espérances ne doit-on pas concevoir d'un prince que, jusqu'en ces derniers temps et lorsqu'il pouvait déjà jouir de sa liberté, on a vu, à l'exemple de son auguste père, trouver dans ces nobles études des plaisirs bien différens de ceux que recherchent ordinairement les jeunes gens de son âge et de sa condition.

A l'âge de quinze ans, et pendant qu'il suivait encore le cours de ses études, le duc de Chartres fut, en sa qualité de prince du sang, nommé colonel du 1.er régiment de hussards (auparavant hussards du Jura) qui prit alors le nom de son nouveau chef. Ce régiment était en garnison à Valenciennes. Louis-Philippe accompagna son fils dans cette ville, où lui-même avait commandé en 1791 à la tête du 14.e régiment de dragons, et fit reconnaître aux hussards leur jeune colonel. On peut juger de l'enthousiasme avec lequel se fit l'installation, quand on saura que ce beau régiment, formé en Franche-Comté, et recruté en Alsace et en Lorraine, ne compte guère dans ses rangs que des braves de ces trois belliqueuses provinces. Cette cérémonie terminée, le duc d'Orléans conduisit le prince sur une éminence, en dehors de la ville; et, de là, montrant du doigt les glorieuses hauteurs de Jemmapes, qui se dessinaient à l'horison, il semblait lui dire comme le vieillard du poète:

<blockquote>Vois, mon fils, vois ces augustes cîmes !!!</blockquote>

Avec son affabilité et son obligeance naturelles, le jeune colonel n'eut pas de peine à se concilier l'affection de ses nouveaux camarades. Élevé à ce grade important par le seul privilége de sa naissance, il voulut au moins se rendre digne des épaulettes par une étude approfondie des diverses parties de l'art militaire. Aujourd'hui encore, on peut le voir debout à cinq heures du matin, comme le dernier des hussards, assister au pansage, le bonnet de police sur la tête, la cravache sous le bras, et encourageant les soldats par quelques-unes de ces paroles familières qui adoucissent les pénibles devoirs de leur état. Également assidu aux théories, aux revues, à tous les exercices, il ne trouve, avec raison, indigne de lui aucune des moindres fonctions du noble métier de la guerre. Son titre de prince royal ne sert même qu'à lui rendre ses devoirs militaires plus sacrés, convaincu, comme il l'est sans doute, qu'un roi de France doit être le premier soldat de son armée, comme il est le premier homme du peuple, le premier citoyen de la nation. C'est toujours aussi dans l'intérêt de son régiment qu'il use de l'influence que lui donne sa haute position. S'agit-il, par exemple, de quelque récompense à réclamer pour d'anciens et honorables services? le prince sera le premier à la solliciter. Un officier peu favorisé de la fortune vient-il à perdre son cheval? le colonel lui fait accepter délicatement un coursier pris dans ses écuries. Une punition sévère est-elle infligée à un soldat? c'est encore à son colonel qu'on s'adresse pour qu'il la mitige ou en abrége la durée. C'est lui enfin qui s'empresse toujours d'accorder les congés que de légitimes raisons de famille ou de santé peuvent rendre nécessaires. Ainsi, bon soldat, officier instruit, colonel dévoué à son corps, prince généreux, chéri de ses hussards comme au collége il l'était de ses condisciples, le duc de Chartres n'a pas peu contribué à former l'un des plus beaux régimens de cavalerie de notre jeune armée.

Ce régiment était en garnison à Joigny, et le prince en passait l'inspection au milieu des acclamations des soldats et des habitans, également charmés de la belle tenue et de l'instruction militaire du jeune colonel, lorsqu'arriva dans cette ville la nouvelle des ordonnances du 25 juillet et de la terrible opposition qu'elles commençaient à rencontrer dans la capitale. En même temps le régiment reçut l'ordre de s'avancer à marches forcées sur Paris. Indigné du royal parjure, partageant les sentimens qui animaient la nation, le prince ne crut pas devoir obéir à cet ordre; ce n'est pas un tel chef assurément qui jamais eût consenti à rendre ses soldats les exécuteurs des iniquités des cours. Cependant, alarmé sur le sort de sa famille, il prit aussitôt la poste pour se réunir à elle, et partager les dangers auxquels il prévoyait qu'elle allait se trouver exposée. Il arriva le 28 juillet, dans la soirée, à la barrière d'Enfer, où il fut arrêté par les soldats citoyens qui s'en étaient rendus maîtres. On le conduisit devant le maire du village de Montrouge, à qui le prince n'hésita pas de se faire connaître. L'issue du combat engagé dès la veille était encore incertaine, et c'eût été pour le peuple un ôtage bien précieux qu'un prince du sang royal. Mais, telle était la juste confiance qu'inspirait la famille d'Orléans, on savait si bien qu'elle était étrangère aux menées de la cour de Charles X, que, d'après les ordres de Lafayette, le maire, après avoir traité le jeune prince avec tous les égards qui lui étaient dus, le laissa libre de continuer son voyage. Ainsi, le même soir, il arriva enfin, non sans de nouveaux obstacles et par des chemins détournés, à Neuilly où il eut le bonheur de revoir sa famille. Il passa avec elle les deux journées suivantes dans de perpétuelles alarmes pour ce qu'il avait de plus cher au monde. Car, d'un côté, tout était à redouter de la part des hôtes soupçonneux de Saint-Cloud ; et de l'autre, on pouvait craindre que l'exaspération du peuple contre les Bourbons ne s'arrêtât pas à la branche aînée de cette famille. Mais le bon sens et la générosité populaires surent distinguer l'innocent du coupable ; et, dans la nuit du 30 juillet, les députés de la nation vinrent, au nom des vainqueurs, offrir au noble chef de la maison d'Orléans le gouvernement du royaume. Le lendemain, tandis que le duc d'Orléans allait à l'Hôtel-de-Ville recevoir des mains de Lafayette la sanction populaire du pouvoir qui lui était confié, le duc de Chartres courait en toute hâte à Joigny informer son régiment de cette grande nouvelle. Qu'on juge de l'enthousiasme avec lequel il fut accueilli par ces braves hussards qui voyaient dans leur jeune colonel l'héritier présomptif de la couronne! Le régiment se mit aussitôt en marche pour Paris, et arriva le 4 août devant ses portes. Il y trouva une population nombreuse accourue de toutes parts à sa rencontre. La garde nationale était rangée en bataille ; on distinguait dans ses rangs les gardes nationaux du Hâvre et de Rouen, que le bruit du canon de juillet avait fait voler spontanément à la défense de la capitale, et qui se faisaient remarquer par leur attitude martiale et la précision de leurs mouvemens. Un grand nombre de ces hommes intrépides qui, la veille, s'étaient précipités avec tant d'ardeur sur la route de Rambouillet pour chasser le roi parjure, oubliant les fatigues d'une course militaire de vingt-cinq lieues, venaient à chaque instant grossir le cortége du jeune prince. Ce fut à la tête de tous ces braves et aux cris mille fois répétés par le peuple et les soldats de *vive le duc d'Orléans ! vive la liberté !* qu'il poursuivit sa marche triomphale par les Boulevards, la place Vendôme et la rue Saint-Honoré jusqu'au Palais-Royal. Là, le duc de Chartres, descendant de cheval, se précipita dans les bras de son père, au milieu des nouvelles acclamations du peuple applaudissant à cette fête de famille. Le colonel des hussards se remit ensuite à la tête de son régiment pour lui faire prendre possession des belles casernes que les gardes du corps occupaient naguère.

Quelque temps après, et lorsque se forma l'artillerie de la garde nationale de Paris, le prince royal s'y fit incorporer en qualité de simple canonnier. Il remplit avec son exactitude accoutumée ses nouveaux devoirs militaires ; montant sa garde, répondant aux appels, assistant aux exercices, traînant, chargeant et tirant les pièces comme le dernier des artilleurs, et commandant à la fois l'affection et le respect à ses camarades. Certes, sa seule présence dans ce beau corps, la salutaire influence qu'il y exerçait, auraient dû suffire pour dissiper les injustes soupçons qui en ont amené le licenciement et par suite le ridicule procès poursuivi devant la cour d'assises de la Seine. On peut juger de quelle manière le jeune duc d'Orléans savait apprécier cette troupe d'élite par le toast qu'il porta en son honneur dans un banquet où assistait le général Lafayette avec tous les officiers de l'artillerie : « A mes cama-
« rades les artilleurs, s'écria-t-il, à mes braves cama-
« rades qui, par leur accueil fraternel, ont rendu
« justice à l'ardeur et à la stabilité de mes sentimens
« patriotiques ! »

Cependant tous ces soins guerriers ne firent pas négliger à l'héritier du trône son éducation constitutionnelle. Il entretint donc plus que jamais des relations amicales avec les hommes les plus distingués par leurs lumières, leur patriotisme, les services rendus à la chose publique. Assidu aux débats parlementaires, il recueillit les dernières paroles de Benjamain Constant, ce grand et généreux citoyen, que bientôt après devait enlever à la France le regret de voir mal comprise notre révolution dont ses yeux avaient vu l'aurore si pure et si brillante. Le prince royal se fit un honneur d'assister aux magnifiques obsèques de cet intrépide défenseur des droits du peuple. Aujourd'hui encore, malgré la disgrâce de Lafayette, le duc d'Orléans rend de fréquentes visites au vétéran de la liberté ; s'instruisant à la fois par les leçons et les exemples de l'ami de Washington. Aussi s'accorde-t-on généralement à dire qu'éclairé de toutes les lumières de son siècle, il en comprend tous les besoins. Telle est l'opinion que jusqu'à présent ont fait concevoir de lui ses actes et ses discours ; c'est ainsi qu'il s'est fait connaître aux départemens qu'il parcourut, trois mois après la révolution de juillet, pour se rendre à Lyon. Ce voyage est le plus grand acte politique de la vie du jeune prince. Nous allons en rapporter les principales circonstances.

Parti de Paris le 7 novembre, le duc d'Orléans arriva le lendemain à Orléans. Ce fut un beau jour de fête pour cette ville dont il porte le nom et qui s'était prononcée avec tant d'énergie en faveur du nouvel ordre de choses. Tous les habitans de la ville et des campagnes voisines s'étaient précipités à sa rencontre. Une nombreuse garde nationale était sous les armes. La garde à cheval se faisait surtout remarquer par sa belle tenue. Le prince passa en revue la milice citoyenne, et n'eut que des éloges à donner à sa discipline et à son zèle. Le soir, un bal magnifique lui fut offert à la préfecture ; son affabilité, sa bonne grâce, ses soins prévenans qui ne dédaignaient personne, achevèrent de lui gagner tous les cœurs. Le lendemain matin, lorsqu'il s'éloigna avant le jour de cette cité fidèle, une illumination improvisée éclaira sa marche, et les habitans aux fenêtres le saluèrent encore par leurs acclamations d'adieu. En se séparant des gardes à cheval, le prince leur exprima de nouveau sa satisfaction dans les termes les plus vifs et les plus affectueux : « Je ne « sais, disait-il, comment vous exprimer ma re- « connaissance; je voudrais pouvoir tous vous em- « brasser. »

Le prince laissa au maire de la ville mille francs pour les pauvres, et cent francs pour un habitant qui avait reçu une légère blessure au milieu de la fête.

A Châteauneuf-sur-Loire, six vieillards d'environ quatre-vingts ans vinrent lui offrir une corbeille de fleurs. Ils y joignirent le petit discours suivant, qui contenait l'expression de leurs sentimens pour l'auguste famille du roi-citoyen.

« Monseigneur,

« Simples villageois, nous ne savons pas faire « de discours, mais nous exprimons naïvement nos « pensées. Si tous les bons Français ne voient « Votre Altesse royale qu'avec enthousiasme, com- « ment ne serions-nous pas au comble de la joie, « lorsque nous jouissons de ce bonheur !

« Nous sommes, Monseigneur, les anciens de « Châteauneuf. Le respectable duc de Penthièvre « fut le protecteur de notre enfance. Sa mémoire fut « toujours chère à nos cœurs. Qu'il est doux pour « nous de pouvoir, avant de mourir, contempler « les traits de son illustre petit-fils ! »

Ce serait nous exposer à trop de répétitions que de vouloir exprimer tous les témoignages d'amour que le prince royal reçut sur son passage. Partout les villes et les campagnes rivalisèrent de zèle en son honneur ; partout il trouva la garde nationale organisée et animée du plus ardent patriotisme ; partout enfin ses manières affables, son esprit cultivé, ses bienfaits délicats conquirent de nouveaux partisans à la cause du roi-citoyen.

Près de Nevers, il visita les belles usines de Fourchambault, appartenant à M. Boignes, député de la Nièvre, et s'entretint long-temps avec le directeur de ce magnifique établissement. Ses diverses questions ont prouvé une grande intelligence, une sagacité peu commune, et des connaissances acquises dans les sciences physiques et mécaniques, qui ont étonné les assistans. Aussi cette nombreuse population d'ouvriers l'a-t-elle accueilli avec le plus vif enthousiasme. Le prince leur a laissé des témoignages de sa munificence. A Saint-Étienne, dans les visites pleines d'intérêt qu'il fit tant aux mines de houille qu'à la manufacture d'armes de cette cité d'ouvriers, on put apprécier de nouveau les heureux fruits que le royal élève du collége de Henri IV avait retirés de l'étude des sciences, et tout le monde fut également charmé de son savoir et de sa modestie.

Une seule classe de citoyens parut étrangère à la joie publique. Ce furent les ministres même du Dieu qui prescrit si impérieusement de rendre à César ce qui appartient à César. On conçoit facilement leurs regrets pour un gouvernement qui faisait

tout pour eux. Mais la révolution de juillet avait témoigné un respect inviolable pour les choses sacrées ; la nation en avait embrassé partout l'esprit d'ordre et de liberté ; c'était donc un devoir pour le clergé de se soumettre à un état de choses établi du consentement général. Le plus illustre de ses membres, l'un des grands écrivains de l'époque, M. l'abbé de La Mennais, avait le premier donné l'exemple de cette soumission ; voyant même dans la révolution nouvelle un changement favorable à la religion catholique, en ce que, comprise à sa manière, elle pouvait rendre à l'église son indépendance native, son affranchissement de toute puissance temporelle. Cependant, sans se mettre en révolte ouverte, la plupart des ecclésiastiques s'obstinaient à refuser leurs prières au Roi, dont l'autorité protégeait leur culte et assurait leur existence. Le clergé de Saint-Etienne s'était montré jusqu'alors animé de ce mauvais esprit ; il crut devoir néanmoins se présenter pour offrir ses hommages au prince. Le préfet de la Loire prit à ce sujet les ordres de S. A. R. « M. le
« Préfet, a dit le prince avec dignité, je sais malheu-
« reusement que ces Messieurs ont jusqu'à présent
« refusé de prier pour mon père. Comme citoyen,
« je ne dois pas recevoir ceux qui refusent d'invo-
« quer Dieu pour le Roi ; comme fils, je ne puis
« faire accueil à ceux qui ne veulent pas prier
« pour mon père. »

Cette réponse ayant été transmise à ces Messieurs, l'un d'eux dit aussitôt *qu'ils prieraient désormais, qu'ils en avaient reçu l'autorisation.* — Eh bien, répondit le prince, *je les recevrai, quand ils auront prié.* Ils prièrent en effet ; mais, gardant rancune, ils ne se présentèrent pas de nouveau devant le prince. L'un d'eux refusa même de venir s'asseoir à sa table; petite vengeance non moins innocente que ridicule sans doute, mais qui indisposa singulièrement la population. C'est par de tels actes d'une résistance d'autant plus vive que le gouvernement se montrait plus indulgent, qu'insensiblement des hommes aigris et ignorans en sont venus à ces déplorables excès commis plus tard dans quelques églises, et qu'eût épargnés de la part des prêtres une conduite plus prudente, plus conforme au véritable esprit de l'évangile.

Le 18 novembre, le prince royal arriva dans la seconde ville du royaume, ville si remarquable par le patriotisme de ses habitans, et qui seule eût suffi pour déjouer les coupables projets des ministres de Charles X. Il y fut accueilli avec le même enthousiasme que les Lyonnais avaient fait éclater, en 1815, à l'aspect de Napoléon revenant de l'île d'Elbe. Le lendemain, il passa en revue les gardes nationales de Lyon, des villes et des communes environnantes. A l'entrée du champ de mars, il fut reçu par le préfet et par les maires de Lyon, de la Guillotière, de Vaize, et des autres villes et communes du département. Les cris de *Vive le Roi! Vive le duc d'Orléans! Vive la liberté!* se firent entendre jusqu'au moment où le prince, arrivé à l'estrade disposée pour le recevoir, s'est avancé entouré des magistrats qui l'accompagnaient. Alors après avoir fait approcher les députations des divers corps, et fait un geste pour réclamer le silence, il a adressé à la garde nationale cette allocution :

Mes Camarades,

« Il me tardait de pouvoir vous remettre moi-
« même, de la part du Roi mon père, ces drapeaux
« qui ne rappellent à tous les Français que des idées
« de gloire et de liberté, mais qui, nulle part, ne font
« revivre des souvenirs plus glorieux que dans la
« ville de Lyon. C'est avec bonheur que le Roi vous
« confie ces couleurs sous lesquelles il s'enorgueillit
« d'avoir combattu, et pour la défense desquelles,
« j'en suis sûr, vos bras se joindront toujours aux
« miens. Mon père sait avec quel transport elles ont
« été relevées à Lyon : leur vue rappellera toujours
« à sa patriotique et industrieuse population, et les
« efforts qu'elle n'a jamais cessé de faire pour la
« cause sacrée de la liberté, et ceux qu'elle fera
« toujours pour consolider notre indépendance na-
« tionale, et assurer, par le règne des lois et le main-
« tien de l'ordre public, l'affermissement de ces
« institutions libérales qu'elle a si puissamment
« contribué à conquérir, et dont le développement
« doit assurer le bonheur de tous les Français, en
« garantissant à chacun d'eux le libre exercice de
« tous ses droits. «

S. A. R. a reçu les drapeaux des mains de M. le maire de Lyon et les a distribués aux députations des divers corps. M. Acher, commandant-général de la garde nationale, a remercié le prince par une allocution où étaient exprimés avec énergie les plus patriotiques sentimens. Après une courte réponse, S. A. R. est montée à cheval, et, suivie de son état-major, a passé dans tous les rangs.

A peine le prince avait-il achevé, que les acclamations qui l'avaient suivi sur tout son passage, ont éclaté avec une force nouvelle du milieu des légions; et à l'instant, sur toute la ligne, les cris de *Vive le Roi ! Vive le duc d'Orléans !* se sont fait entendre: l'enthousiasme des gardes nationaux s'augmentait de celui des innombrables spectateurs. Tous les corps étaient dans la plus belle tenue et manœuvraient avec un ensemble et une précision qui n'appartiennent qu'aux troupes de ligne les mieux exercées. Le prince a manifesté plusieurs fois la satisfaction qu'il éprouvait. *La garde nationale,* a-t-il dit, *est magnifique, admirable; on ne peut rien voir de plus beau.*

On évalue à plus de 40,000 hommes le nombre des gardes nationaux qui ont défilé à la revue, et à 60,000 âmes environ celui de la population qui s'était entassée autour de l'immense champ de mars. Cette foule innombrable était absolument livrée à elle-même; point de gendarmes, point d'agens de police pour la contenir, et cependant l'ordre n'a pas été troublé un instant.

Avant de s'éloigner de Lyon, le prince royal adressa au préfet du département la lettre suivante, comme un témoignage de ses sentimens envers les habitans de cette intéressante cité.

« J'éprouve le besoin, M. le préfet, d'exprimer
« aux gardes nationales de Lyon, de ses environs,
« et à celles qui sont venues de si loin, le bien vif
« plaisir que j'ai eu à me trouver au milieu d'elles,
« et l'admiration que m'a causée la vue de cette ar-
« mée citoyenne; les éloges que j'en avais entendu

« faire, sont tous au-dessous de la vérité. Rien n'est
« plus beau, rien n'est plus satisfaisant pour tout
« cœur francais, que la vue imposante, que l'air
« martial de cette nombreuse et superbe garde ci-
« vique, qui ne le cède en rien, pour la régularité
« des mouvemens, aux troupes les mieux exercées.
« Mais ce qui recommande plus particulièrement
« les gardes nationales du Rhône à l'estime et à la
« reconnaissance de la patrie, c'est leur ardent pa-
« triotisme, garantie la plus sûre de l'indépendance
« nationale, et du maintien des institutions que la
« France a conquises.

« Veuillez donc, M. le Préfet, être mon interprète
« auprès de toutes les gardes nationales que j'ai
« passées hier en revue ; veuillez leur dire aussi com-
« bien tout ce que j'ai vu à Lyon augmentera le
« regret qu'éprouvait le Roi mon père, de n'avoir pu
« venir lui-même au milieu de cette population qui
« s'est toujours distinguée par son amour éclairé de
« la liberté. Quant à l'accueil si cordial que m'ont
« fait tous mes braves camarades, et dont je suis
« plus touché que je ne puis l'exprimer, je sais que
« je ne le dois qu'à la confiance et à l'attachement
« qu'ils ont pour le Roi, et à la conformité parfaite
« de tous mes sentimens avec ceux qui les animent
« toujours. »

Les anciens militaires ne furent pas moins tou-
chés de la réponse que fit le jeune prince à un offi-
cier-général, réclamant la réparation d'une injustice
qui pesait sur lui depuis 1814. « Général, lui a-t-il
« dit, je vous remercie de me procurer le plaisir de
« vous témoigner, ainsi qu'à tous les officiers de

« l'ancienne armée, que ma famille et moi n'avons
« rien tant à cœur que de contribuer à leur faire
« rendre justice. »

De Lyon, le duc d'Orléans se rendit à Grenoble
où devait se terminer son voyage. Les braves habitans du Dauphiné ne l'accueillirent pas avec moins
d'enthousiasme que leurs voisins. Là aussi, il put
passer la revue d'une garde nationale nombreuse,
accourue de tous côtés pour fêter le fils du Roi-citoyen, et animée du plus énergique patriotisme.
Quinze cents gardes nationaux de l'un des cantons
de la frontière ont surtout fixé l'attention du jeune
prince. Presque tous étaient en habits de paysans ;
la plupart n'avaient pas encore de fusils. Mais exercés aux évolutions militaires, ils exécutaient avec
ordre et précision leurs mouvemens. Quatre d'entre
eux, armés de hâches de bûcherons, servaient de
sapeurs. De vieux soldats, que faisaient reconnaître
des uniformes usés ou des décorations, prix du sang
versé pour la patrie, réglaient le pas des jeunes gens.
A la marche ferme et silencieuse de ce bataillon,
à ces visages empreints d'une invincible résolution,
un frissonnement gagnait de proche en proche, et
un noble orgueil faisait palpiter tous les cœurs. On
reconnaissait ces fiers Allobroges qui, les premiers,
en 1789, dans les assemblées de Vizille et Romans,
ont fait entendre le cri de liberté, et qui, aujourd'hui comme alors, si l'étranger osait se présenter
sur nos frontières, seraient prêts à faire de leurs corps
un rempart à la patrie. Un vieillard, sortant des
rangs et se présentant devant le prince, lui exprima
avec une mâle franchise ces généreux sentimens de

la population dauphinoise : « Prince, lui dit-il, « voici mes trois fils ; ils défendront le sol contre « l'invasion ; et, quand ils se battront, moi, je « brûlerai le village, pour que l'ennemi meure de « faim. »

Quelque temps après, le duc d'Orléans et son frère le duc de Nemours accompagnèrent le roi dans les voyages où ce prince alla recueillir l'expression des vœux et des besoins des provinces industrieuses du Nord et des belliqueuses populations de l'Est. Louis-Philippe n'ayant pu visiter Huningue, son fils aîné, suivi du maréchal Soult, ministre de la guerre, se rendit dans cette ville si célèbre par la courageuse défense de ses habitans, et dont les fortifications n'offrent plus aujourd'hui qu'un monceau de ruines. A l'aspect de ces tristes débris, le cœur du jeune prince fut vivement ému, et montrant du doigt à l'illustre guerrier la place où s'élevoit naguère ce solide rempart de la France : « Maréchal, lui « dit-il, il y a ici des souvenirs de 1815 qu'il faut « effacer. » Déjà une garnison a été envoyée dans cette ville, et, malgré les réclamations de la Suisse, tout doit faire espérer que l'Alsace verra bientôt se relever les remparts dont la plus insigne faiblesse a pu seule permettre la honteuse démolition.

Une nouvelle occasion, la plus éclatante de toutes, vient d'être offerte au prince royal de faire preuve de patriotisme et de courage. La Hollande, sans doute secrètement appuyée par d'autres puissances, a dénoncé l'armistice à la Belgique, et voilà la guerre allumée entre les deux nations. Le nouveau roi des Belges a imploré notre appui, et une armée de 50,000 Français marche en ce moment à son secours sous les ordres du maréchal Gérard. C'est dans cette brave armée, qui se précipite vers l'ennemi avec une ardeur digne des premiers temps de la révolution, que le roi des Français a voulu que ses deux fils fissent leurs premières armes. Le duc d'Orléans a reçu de ses mains le commandement d'une brigade de cavalerie légère, composée du 1.er régiment de hussards dont il est colonel, et du 1.er régiment de lanciers, ayant à sa tête le duc de Nemours, son jeune colonel. Dès que cette généreuse détermination eût été prise, le duc d'Orléans se rendit à la caserne de son régiment. Accueilli aussitôt par les acclamations des hussards à qui était déjà parvenue la nouvelle de la guerre, le jeune prince, après avoir rangé son régiment en cercle, lui a adressé cette simple allocution :

« Braves camarades,

« La Hollande, au mépris des traités et du
« droit des gens, attaque aujourd'hui la géné-
« reuse nation belge. La Belgique, notre alliée,
« réclame le secours de la France ; le roi mon père
« a résolu de voler à sa défense. Que demain à six
« heures notre régiment soit en marche. Dès ce soir
« je pars avec le brave maréchal Gérard. Camarades,
« nous nous retrouverons sur la frontière, et c'est
« en face de l'ennemi que je prouverai que je suis
« aussi digne que fier de marcher à votre tête ! »

On ne saurait se faire une idée de l'enthousiasme qu'a produit ce discours. Mille *vivat* lui répondaient, soldats, officiers, confondus dans un même élan de joie, s'embrassaient les larmes aux yeux. Les cris de *vive le Roi! vive la France!* éclataient à la fois.

Dans la soirée du même jour, sur la place du Palais-Royal, au moment où la voiture qui contenait le duc d'Orléans et le duc de Nemours est sortie, elle a été entourée par un grouppe de 300 ouvriers et jeunes gens qui non-seulement venaient assister à leur départ pour l'armée, mais qui ont voulu à toute force, malgré le mauvais temps, les escorter en courant jusqu'à la barrière. Rien n'a pu les dissuader de ce projet. Ils ont fait bourse commune pour acheter des torches et ils ont suivi la voiture en criant mille fois : « *vive le Roi! vive le duc d'Orléans! vive notre avant-garde!* Appelez-nous, nous irons vous rejoindre! Soyez tranquilles, le roi sera bien gardé ici. »

Le lendemain, le régiment s'est mis en marche au milieu des mêmes acclamations. Sur le quai, dans les rues, le long des boulevards, partout une double haie de citoyens et de gardes nationaux admiraient la belle tenue et l'ardeur de ce magnifique régiment. Un même et guerrier enthousiasme animait les soldats et la population : tous faisaient éclater les cris de *vive le Roi! vive la France! vive la Pologne!* tous enfin n'ont qu'un même désir, c'est que la guerre soit plus générale, et leur fournisse l'occasion de venger les vieilles injures et la patrie.

Que ne pourrait-on pas faire avec de tels hommes! et tels sont, en général, ceux qui habitent la noble terre de France; tels ils se sont montrés au Roi leur élu et à son fils dans la capitale et dans les départemens. Puisse le jeune prince appelé à monter un jour sur le trône, savoir toujours dignement les apprécier! Puisse la flatterie ne corrompre jamais les fruits de son heureux naturel et de sa belle éducation! Puisse-t-il surtout bien se convaincre que la nation n'est pas dans le cercle étroit où se meuvent les courtisans, mais qu'elle est sur toute la surface du territoire, et que, semblables à l'action de la divinité, les bienfaits de la puissance royale doivent s'étendre également partout! Qu'ainsi, comme aux jours de juillet, il s'abandonne tout entier à la générosité du peuple qui a placé la couronne sur la tête de son auguste père, et qui, de tous les peuples, est le plus facile à gouverner, lorsqu'on respecte ses franchises, et qu'on lui parle loyalement, au nom de la liberté, de la gloire et de la patrie!

NOTICE

SUR

LE GÉNÉRAL LAFAYETTE.

Cette notice nous a semblé un complément nécessaire de notre ouvrage. On n'ignore pas en effet de quel poids a été sur l'élection populaire du roi des Français l'immense ascendant du seul nom de Lafayette. Quel plus beau spectacle d'ailleurs pouvons-nous offrir à l'admiration publique, que celui de cet homme extraordinaire qui, né au sein de l'aristocratie et comblé de tous les dons de la fortune, se dévoua, jeune encore, à la sainte cause du peuple; qui présida en quelque sorte à la naissance de la liberté dans les deux Mondes; qui, deux fois et dans des temps de révolution, créateur de la garde nationale française et revêtu par elle d'un pouvoir directorial, y renonça volontairement pour le résigner en d'autres mains; qui, sous le couteau de 1793, dans les fers d'Olmutz, parmi les prestiges de l'empire et les mensonges de la restauration, demeura ferme et inébranlable dans les principes qu'une raison supérieure lui avait fait embrasser, dès l'âge le plus tendre; qui enfin, aujourd'hui encore, et malgré son âge avancé, ne cesse d'en réclamer la bienfaisante application pour tous les peuples, avec une facilité d'élocution, une force de logique, une vérité d'éloquence qui, imposant silence à ses détracteurs, étonnent ceux-là même qui avaient le plus espéré d'un tel talent et d'un tel caractère.

LAFAYETTE (Gilbert-Mortier, marquis de) naquit le 1.er septembre 1757, d'une famille ancienne et illustre, à Chavagnac, près de Brioude, dans le département de la Haute-Loire. Son éducation fut libérale et éclairée, et il en tira les plus heureux fruits. A l'âge de seize ans, il épousa Mlle de Noailles-d'Ayen, modèle de vertus et de tendresse conjugale. Une place à la cour lui fut alors offerte; il la refusa, se sentant appelé à d'autres destinées que celles de courtisan en titre. La guerre de l'indépendance américaine décida sa véritable vocation. Le vertueux Francklin vint alors en France solliciter pour sa patrie quelques secours du cabinet de Versailles. Le jeune Lafayette lui offrit aussitôt son épée et sa fortune. Dans le même temps, on apprit que les insurgés, réduits à deux mille hommes, avaient été forcés de fuir devant un corps de trente mille hommes envoyés d'Angleterre. Aux yeux des politiques ordinaires, la cause de l'Amérique paraissait perdue, et Francklin dut renoncer à tout espoir de coopération de la part de la France. Mais ces revers ne purent ébranler la résolution de Lafayette:
« Je n'avais fait jusqu'ici, dit-il aux députés du
« congrès américain, que chérir votre cause; main-
« tenant je cours la servir; plus elle est tombée dans
« l'opinion, plus l'effet que peut produire mon
« départ sera grand. » En effet, résistant aux solli-

citations de sa famille, aux larmes plus puissantes de sa jeune épouse, aux intrigues des cabinets de Londres et de Versailles, il vint à bout d'armer et d'équiper une frégate à ses frais, et fit voile pour l'Amérique, où il débarqua à Charles-Town en avril 1777. Il se rendit aussitôt à Philadelphie, remit au congrès les dépêches dont Francklin l'avait chargé, et demanda à servir comme volontaire dans l'armée de l'indépendance. Le congrès reconnaissant lui offrit le grade de major-général ; mais ce fut comme simple soldat qu'il voulut faire ses premières armes. Il combattit en cette qualité à la bataille de Brandwine, où il fut blessé à la jambe en ramenant à la charge la brigade dont il faisait partie. Sa blessure était à peine fermée, qu'à la tête de quelques milices il battit un corps d'Anglais et de Hessois bien supérieur en nombre. De nouveaux remerciemens lui furent votés par le congrès, qui le nomma à un commandement en chef dans le nord. On chercha vainement alors à le rendre indépendant de Wasghinton ; Lafayette se fit gloire de rester subordonné au général américain. Avec des chefs aussi habiles et aussi généreux, les succès des indépendans furent rapides. Lafayette, par ses manœuvres, parvint à dégager un corps de deux mille hommes avec leurs canons, que l'armée anglaise tenait enveloppés. Il se distingua aussi à la bataille de Monmouth, gagnée par les républicains le 29 juin 1778 ; il commandait l'avant-garde et contribua puissamment à cette importante victoire. De là il courut avec sa division protéger la retraite de Sullivan, que des forces supérieures contraignaient d'évacuer Rhode-Island.

Les succès des Américains avaient déterminé la France à leur accorder des secours. Lafayette quitta un moment l'Amérique pour venir en solliciter de nouveaux dans sa patrie. Francklin lui remit alors à Paris une épée d'honneur décernée par le congrès au jeune défenseur de l'indépendance américaine. Celui-ci ayant cimenté par de nouveaux liens l'alliance de la France avec les états de l'Union, et obtenu les secours qu'il demandait, revint en toute hâte sur le théâtre de ses premiers exploits. Il fut reçu à Boston avec le plus vif enthousiasme, et se rendit aussitôt à l'armée. Pendant la campagne de 1780, il commanda l'avant-garde de l'armée de Washington, et pensa être avec lui la victime de la trahison d'Arnold. L'année suivante, on le chargea de la défense de la Virginie. Il n'avait sous ses ordres que cinq mille hommes de milices, sans habits, sans argent, sans vivres, dans un état de démoralisation presque complet. Cependant, ayant rétabli la discipline et arrêté la désertion, c'est avec ce faible corps que pendant cinq mois il tint tête aux forces du général anglais lord Cornwalis, alors la terreur de l'Amérique. Celui-ci se croyait tellement assuré du succès qu'il avait écrit à son ministère que *l'enfant ne pouvait lui échapper;* c'est ainsi qu'il désignait le jeune héros. Mais Lafayette ayant reçu un renfort de trois mille hommes prit lui-même l'offensive, et enleva à l'orgueilleux Anglais une position que celui-ci jugeait inattaquable. Il fut alors rejoint par Washington qui amenait le corps du général français Rochambeau. Lord Cornwalis, attaqué dans ses lignes, fut mis dans une déroute complète. Lafayette se distingua particulièrement dans cette affaire ; à la tête de l'infanterie légère américaine, il enleva à la baïonnette une redoute ennemie, et l'épée à la main se jeta le premier sur les canons. La capitulation d'Yorck-Town termina cette campagne et décida du sort de la guerre.

L'Amérique était libre ; mais la guerre continuait toujours entre la France et l'Angleterre. Lafayette retourna dans sa patrie offrir ses services au comte d'Estaing, commandant les troupes et la marine de France et d'Espagne. Il fut nommé chef d'état-major de l'expédition qui devait attaquer la Jamaïque avec soixante-six vaisseaux et vingt-quatre mille hommes, et de là se porter sur New-Yorck, tandis que Lafayette, avec une division de six mille hommes, aurait opéré la révolution du Canada. Déjà il avait rejoint le comte d'Estaing à Cadix, où se rassemblait l'expédition, lorsque la paix vint suspendre tous les préparatifs. Peu de temps après sa conclusion, Lafayette fit un nouveau voyage en Amérique ; il y fut reçu partout comme un libérateur. Le congrès lui décerna le titre de citoyen, le plus beau de tous dans une république, et lui accorda le privilége d'assister à ses séances. Dans le discours d'adieux qu'il adressa à sa nouvelle patrie, on remarque les phrases suivantes : « Puissent la « prospérité et le bonheur des États-Unis faire con-« naître les avantages de leur gouvernement ! Puisse « ce temple immense que nous venons d'élever à la « liberté, présenter à jamais une leçon aux oppres-« seurs, un exemple aux opprimés et un asyle aux « droits du genre humain ! »

En 1785, Lafayette fit un voyage en Allemagne, où, malgré les principes ennemis des cours qu'il ne cherchait nullement à déguiser, il fut accueilli avec la plus grande distinction par le grand Frédéric, roi de Prusse, et par l'empereur d'Allemagne Joseph II, à qui même il fit adopter quelques-unes de ses maximes de tolérance et de liberté. De retour en France, il consacra une somme considérable à l'affranchissement graduel des noirs, s'occupa avec le vertueux Malesherbes d'adoucir le sort des protestans, et embrassa avec ardeur la cause des patriotes Bataves. Nommé en 1787 membre de l'assemblée des notables, il se prononça pour la suppression des lettres de cachet et des prisons d'état, obtint un arrêté favorable aux protestans, et insista sur la prochaine convocation des états généraux. « Quoi ! « lui dit le comte d'Artois, depuis Charles X, vous « faites la motion des états-généraux ? — Oui, ré-« pondit-il, et de mieux que cela. » Quelque temps après, il joignit sa courageuse protestation à celle des états de Bretagne contre les actes arbitraires, et acquit encore de nouveaux titres à l'estime des amis de la liberté. Aussi se trouva-t-il naturellement porté par le suffrage universel à l'assemblée des états-généraux en 1789. Là, il appuya de tout son pouvoir toutes les réformes et les mesures utiles ; il se joignit à l'éloquente motion de Mirabeau pour éloigner les troupes de la capitale, fit décréter la responsabilité des Ministres, qui aujourd'hui encore n'est qu'un vain mot, et proposa le 11 juillet sa fameuse déclaration des droits de l'homme et du citoyen. L'assemblée nationale s'étant constituée en permanence, il y présida pendant deux nuits, et fit ensuite partie de la députation des soixante qu'elle envoya à Paris. Ce fut alors que la garde bourgeoise de cette ville le nomma son commandant-général, et qu'en cette qualité il institua la garde nationale de France. En même temps, il donnait l'ordre de démolir la Bastille et distribuait aux soldats citoyens la cocarde tricolore, ce signe immortel de gloire et de liberté, qui, suivant ses expressions, devait faire le tour du monde. Plusieurs personnes, dévouées aux vengeances populaires, lui durent alors la vie ; mais, désespéré de n'avoir pu, malgré tous ses efforts, sauver celle de Foulon et de Berthier, il donna sa démission de commandant en chef de la garde nationale de Paris, et ne reprit ces fonctions difficiles que sur les instances de tous les bons citoyens.

Vinrent les funestes journées des 5 et 6 octobre. Une populace furieuse se porta à Versailles où résidait le Roi et se tenaient les séances de l'assemblée nationale, menaçant de se porter aux derniers excès. Averti de ce mouvement qu'il n'avait pu prévenir, Lafayette courut en toute hâte à Versailles, à la tête d'un corps nombreux de garde nationale, qui occupa toutes les avenues du château. Croyant avoir ainsi pris toutes les mesures de sureté convenables, il se retira dans un pavillon voisin. Mais, le matin à cinq heures, des brigands entrés par les jardins égorgèrent deux gardes-du-corps et forcèrent la chambre de la Reine qui n'eut que le temps de se sauver dans celle du Roi. Lafayette arrive alors avec quelques grenadiers, arrache quinze gardes-du-corps des mains des meurtriers et délivre de leur fureur la famille royale qu'il ramène saine et sauve à Paris, où s'établit aussi l'assemblée nationale. Dans le procès du malheureux Favras, qui se dévoua si généreusement pour l'ingrat comte de Provence, depuis Louis XVIII, il maintint l'indépendance des juges, et il ne tint pas à lui que Favras, son ennemi personnel, n'échappât au supplice. Vers le même temps, il fit relâcher un homme qui, dans une émeute au Champ-de-Mars, lui avait tiré un coup de fusil à bout portant. Toujours assidu aux séances de l'assemblée nationale, il demanda le jury anglais, la suppression des ordres religieux, l'abolition de la noblesse héréditaire, et insista pour que l'égalité des citoyens devant la loi fût proclamée sur-le-champ. Parvenu alors au plus haut degré de popularité, il refusa généreusement la place de connétable, celle de dictateur, et de lieutenant-général du royaume, que lui déférait le vœu des citoyens, et ne chercha qu'à affermir l'autorité royale constitutionnelle, de toutes parts ébranlée. Afin même d'ôter tout prétexte aux injustes soupçons du pouvoir, il fit décréter que le même homme ne pourrait commander que la garde nationale de son département; et cela, à la veille de la fédération de 1790, dans un temps où il commandait en maître à quatre millions de gardes nationaux. Le jour de la fédération, il vint comme un simple particulier, prêter le serment civique sur l'autel de la patrie. Il proclama l'insurrection comme le plus saint des devoirs dans un gouvernement absolu, et l'obéissance aux lois dans un état libre. Il institua ensuite avec Bailly le *club des Feuillans* pour balancer la terrible influence que commençait à exercer le *club des Jacobins*, tandis qu'en même temps il chassait des *Tuileries* les prétendus défenseurs du trône et de l'autel, qui, sous le nom de *chevaliers du poignard*, ne faisaient qu'exaspérer le peuple contre le pouvoir royal. Dans l'émeute du 11 avril, qui, malgré tous ses efforts, empêcha Louis XVI de se rendre à Saint-Cloud, mécontent d'avoir vu son autorité méconnue, il donna de nouveau sa démission. La commune et tous les bataillons de la garde nationale de Paris allèrent en corps le supplier de reprendre le commandement.

Lafayette avait répondu sur sa tête que le Roi ne partirait pas de la France, et cela d'après les assurances positives qu'il avait reçues du chef de l'état lui-même. Aussi lorsque la fuite de Varenne eut lieu, le peuple croyant le général complice de l'évasion, se souleva en fureur contre lui; mais toute cette rage se calma aussitôt, lorsqu'on le vit s'avancer tranquillement, sans escorte, au milieu d'une foule immense rassemblée devant l'Hôtel-de-Ville. Louis XVI ayant été ramené à Paris, Lafayette redoubla de zèle pour garantir sa sureté; et lorsque le Monarque eut solennellement prêté serment à la constitution, il fut le premier à reconnaître ses droits. Sa popularité en souffrit; mais il n'était pas homme à sacrifier ses principes aux caprices du peuple. Les mécontens se réunirent au Champ-de-Mars, pour y signer une protestation; ils commencèrent par égorger deux malheureux invalides, et menaçaient de se porter sur l'assemblée nationale. Lafayette, accompagné du vertueux Bailly, alors maire de Paris, se transporta aussitôt sur le théâtre de leurs excès. Ils furent tous deux assaillis de pierres et de quelques coups de feu. La loi martiale fut alors proclamée, le drapeau rouge déployé, et la garde nationale se vit obligée de tirer sur les mutins. Il en resta une douzaine sur le carreau; cinquante autres furent blessés, le reste se dissipa, et tout rentra momentanément dans l'ordre. Cependant, toujours moins satisfait de voir la révolution s'écarter de son principe, et ayant vainement tenté de nouveaux efforts pour la faire rentrer dans des voies de modération et de justice, Lafayette prit définitivement congé de la garde nationale. Il se retira dans son pays natal, à cent vingt lieues de Paris, emportant avec lui la statue de Washington, et une épée forgée des verroux de la Bastille, que lui avait décernée la garde nationale de Paris.

La coalition vint l'arracher à sa retraite; il vola aussitôt à la défense de la patrie, et fut nommé général en chef de l'une des trois armées que la France opposait à ses ennemis. Il rétablit d'abord la discipline parmi les troupes, toutes démoralisées par la désertion de leurs officiers, proscrivit l'ancien luxe des armées françaises, et organisa le service de l'artillerie légère qu'il avait vu le Grand Frédéric introduire dans ses armées. Il battit l'ennemi à Philippeville, à Maubeuge et à Florennes. Pendant ce temps, il était en butte aux attaques réitérées des clubs de la capitale, contre la puissance desquels il s'était fortement prononcé. Dumouriez et Collot-d'Herbois réunirent leurs efforts pour le perdre. Lafayette dénonça franchement à l'assemblée nationale leurs coupables machinations, accusant les jacobins de tuer la liberté par l'excès de la licence, sous le masque de la démagogie. Quelques jours après, il vint lui-même à Paris braver en face ses ennemis et appuyer sa courageuse dénonciation. Les excès du 20 juin trouvèrent en lui un adversaire formidable ; le 28 juin, il se présenta seul à la barre de l'assemblée pour demander justice contre les violences exercées. Ce fut alors qu'il offrit au malheureux Louis XVI de le conduire à Compiègne sous la sauve-garde de son armée ; seule chance de salut qui restât à ce monarque. Mais Louis XVI, toujours rempli d'injustes défiances, et, d'un autre côté, trompé par les faux rapports du duc de Brunswick, qui lui annonçait comme certains les succès de la coalition, rejeta obstinément cette généreuse proposition. « *Il sauverait* « *le Roi*, disaient les courtisans, *mais non la* « *royauté*. » Les ennemis de Lafayette profitèrent de cette démarche pour lui faire perdre le peu de popularité qui lui restait ; son effigie fut brûlée en grande pompe au Palais-Royal, et il se vit même quelque temps sous le poids d'une accusation capitale d'aristocratie. Traduit pour ce fait à la barre de l'assemblée, il fut absous à la majorité de 200 voix, malgré les outrages et les menaces employées contre les juges : « Nous le déclarons tous, s'écria « l'un d'eux, nous ne sommes pas libres. »

Après son jugement, Lafayette retourna à l'armée; l'affreuse journée du 10 août l'accabla de la plus amère douleur; il protesta avec une nouvelle énergie contre ces épouvantables excès de la licence, et jusqu'au dernier moment persista dans une opposition de plus en plus désespérée. Le pouvoir exécutif envoya dans son camp des commissaires chargés de l'arrêter; lui-même les fit constituer prisonniers par des soldats. On l'accuse d'avoir manqué de résolution dans cette circonstance critique; mais il eût fallu, pour réussir, armer les soldats français les uns contre les autres, ou solliciter l'intervention étrangère. L'un et l'autre moyen répugnait également à la grande âme de Lafayette; il aima mieux quitter la France. Latour-Maubourg, Bureau de Puzy et Alexandre Lameth l'accompagnèrent dans sa fuite. Ils étaient dénoncés, proscrits comme lui, et comme lui n'avaient que la mort à attendre en se confiant à la justice de leurs accusateurs. Les fugitifs se proposaient de gagner la Hollande ou l'Angleterre, alors pays neutres. Ils étaient déjà sur celui de Liége, lorsqu'ils rencontrèrent un corps autrichien qui, sans respect pour la neutralité, les livra à la coalition. Les quatre membres de l'assemblée nationale furent d'abord conduits à Luxembourg, puis à Wesel et à Magdebourg, où on les accabla des plus indignes traitemens. Le duc de Saxe-Teschen fit même entendre clairement à Lafayette qu'on le destinait à l'échafaud. Tombé dangereusement malade à Wesel, on refusa au général Latour-Maubourg la permission de voir son ami presque expirant. Le Roi de Prusse eut alors l'indignité de faire demander à Lafayette des plans contre la France, en échange de quelques adoucissemens; le général français repoussa cette lâche proposition avec tout le mépris qu'elle méritait. Quelque temps après,

la paix ayant été conclue entre la France et la Prusse, et Frédéric-Guillaume ne voulant pas être forcé de relâcher ses victimes, les livra à l'Autriche. C'est alors que, conduits à Olmutz, ils eurent à subir une captivité plus dure encore que les précédentes. Qu'on en juge par la consigne qui leur fut déclarée, en les enfermant séparément dans leurs cellules : « Ils ne verraient, leur dirent les geoliers,
« que leurs quatre murailles; ils n'auraient de nou-
« velles ni des choses ni des personnes ; il était dé-
« fendu de prononcer leurs noms, et ils ne seraient
« jamais désignés que par leurs numéros ; jamais
« ils ne seraient rassurés sur le sort de leurs fa-
« milles, de leurs compagnons d'infortune, et,
« cette situation portant à se détruire, on leur in-
« terdisait couteau, fourchettes et tous les moyens
« de suicide. » Voilà comme le pouvoir absolu traite ses victimes.

Tandis que Lafayette gémissait ainsi au secret dans les cachots d'Olmutz, sa vertueuse épouse attendait dans les prisons de Paris qu'on la conduisît au supplice. La chute de Robespierre lui sauva la vie, mais elle ne recouvra sa liberté que long-temps après; le premier usage qu'elle en fit, fut de se rendre à Vienne, où, après de longues sollicitations, elle obtint de l'empereur la permission de partager avec ses filles la captivité de son mari. Sa santé, déjà altérée par seize mois de prison en France, ne put résister à cette nouvelle épreuve; sur les instances de Lafayette, elle écrivit alors à l'Empereur pour lui demander la grâce de passer une huitaine de jours à Vienne, afin de respirer un air plus salubre et de consulter un médecin. Après deux mois de silence, ou lui accorda la permission de sortir, mais à condition de ne jamais rentrer. Mme Lafayette ne voulut pas d'une telle faveur, et resta auprès de son malheureux époux.

Cependant tous les amis de la liberté dans les deux hémisphères réclamaient vivement la délivrance de Lafayette et de ses compagnons. Le président des États-Unis envoya à cet effet un Ministre à Berlin, et fit remettre une lettre directe à l'Empereur d'Autriche. Deux motions spéciales furent faites en leur faveur au parlement d'Angleterre. Mais ce ne fut qu'après cinq ans de captivité que, sur la demande formelle de Bonaparte victorieux, l'Autriche se vit obligée de lâcher sa proie. Encore vouloit-elle imposer des conditions à ses victimes; mais les prisonniers les rejetèrent, s'engageant seulement envers l'Empereur à ne pas entrer dans les provinces héréditaires de la maison d'Autriche, sans en avoir obtenu sa permission, sauf toutefois les droits de leur patrie sur leur personne.

Devenu libre, Lafayette se retira à Hambourg avec sa famille. Il y vécut tranquille et réduit à contempler de loin les malheurs de sa patrie livrée à la foiblesse tyrannique du directoire. Après le 18 fructidor, ce gouvernement soupçonneux ordonna la vente des biens qui lui restaient en France. Lafayette n'en continua pas moins à porter la cocarde tricolore et à défendre dans toutes les circonstances l'honneur de sa patrie. Le 18 brumaire lui en rouvrit les portes; mais, voyant l'ambition de Bonaparte croître avec ses succès, il refusa toute participation aux actes d'un gouvernement fatal à la liberté. Bonaparte, qui désirait se l'attacher, lui offrit une place de sénateur. Lafayette, pour toute réponse, envoya sa démission de général. « Associé « dès l'origine aux institutions qui ont triomphé de « l'Europe, écrivit-il au ministre, uni de cœur à la « gloire des généraux de la république, je n'ai ja-« mais cessé d'être leur camarade, et je ne prétends « pas, après tant de victoires, être leur concurrent. » Quelque temps après il motiva ainsi sur un registre public son vote contre le consulat à vie : « Je ne « puis voter pour une telle magistrature, jusqu'à ce « que la liberté ait été suffisamment garantie ; alors « je donne ma voix à Napoléon Bonaparte. » Il écrivit en même temps au premier consul une lettre où se joignaient les plus sages conseils à l'expression des mêmes généreux sentimens. Napoléon ne pardonna jamais à l'ami de Washington cette franchise libérale. Non content de le tenir éloigné des affaires, il priva de tout avancement son fils, Georges Lafayette, officier distingué, qui, à la bataille d'Eylau, eut le bonheur de sauver la vie au général Grouchy. Lafayette ne fit d'ailleurs aucune démarche pour se procurer les bonnes grâces du nouvel empereur, dont le génie rendait l'ambition plus funeste encore aux droits des peuples. Il se retira dans sa maison de campagne de la Grange, y vécut tranquille, entouré de sa famille, répandant des bienfaits, occupé de soins agricoles, et laissant le despotisme s'abîmer sous son propre poids.

L'invasion de 1814 vint justifier ses tristes prévisions et l'arracher à sa retraite ; son patriotisme se réveilla, et il s'adressa à quelques grands personnages pour combattre l'invasion étrangère ; mais ce vœu ne fut point secondé. La France était lasse de guerres et de sacrifices qui ne tournaient qu'au profit d'un seul homme; elle laissa combattre seule l'armée réduite à un petit nombre de braves, et l'invasion fut consommée. Après la restauration, Lafayette parut une seule fois chez le Roi et borna là ses rapports avec la cour. En 1815, à la nouvelle du débarquement de Napoléon au golfe Juan, il offrit à Louis XVIII l'appui des constitutionnels de 1789 ; ces secours furent dédaignés comme ils l'avaient été autrefois de Louis XVI, et Napoléon arriva sans résistance dans la capitale. Lafayette et ses amis se rallièrent à lui contre l'ennemi commun, mais en lui demandant des garanties contre le retour du despotisme. L'acte additionnel aux constitutions de l'empire fut loin de satisfaire à leurs vœux. Ils auraient voulu aussi que Napoléon, au lieu de se confier seulement à l'armée, fît un appel à la nation contre la formidable coalition qui marchait à grands pas vers nos frontières : unique moyen en effet de sauver la France. L'Empereur offrit la pairie à Lafayette, celui-ci la refusa, plus conséquent en cela que Carnot lui-même qui acceptait alors le titre de comte. Élu membre de la chambre des représentans, il y défendit les droits du peuple avec la même chaleur qu'il l'avait fait à l'assemblée nationale. Bientôt la désastreuse bataille de Waterloo ouvrit les portes de la France à ses ennemis. Lafayette ne désespéra cependant pas encore du salut public, et montant à la tribune : « En élevant,

« dit-il, pour la première fois depuis bien des années,
« une voix que les vieux amis de la liberté recon-
« naîtront encore, je me sens appelé, Messieurs,
« à vous parler des dangers de la patrie que vous
« seuls à présent avez le pouvoir de sauver. Des
« bruits sinistres sont malheureusement confirmés.
« Voici le moment de nous rallier autour du vieil
« étendard tricolore, celui de 1789, celui de la
« liberté, de l'égalité et de l'ordre public; c'est
« celui-là seul que nous avons à défendre contre
« les prétentions étrangères et contre les tentatives
« intérieures. »

Napoléon, sur ces entrefaites, vint en toute hâte à Paris demander la dictature, moins dans son intérêt, disait-il, que dans celui de la nation. Telle était en effet la magie de son nom sur l'esprit de l'armée, la nation elle-même avait été si long-temps accoutumée à voir la France dans l'Empereur, que seul peut-être alors il pouvait organiser de nouveaux moyens de résistance. Lafayette en jugea autrement, et ne voyant toujours en lui que le despote, demanda son abdication. La majorité de la chambre des représentans se rendit à cette opinion; Napoléon abdiqua, et un gouvernement provisoire fut installé. En même temps la chambre se constitua en permanence, déclara traître à la patrie quiconque voudrait la dissoudre, et mit les couleurs de la révolution sous la sauve-garde de l'armée et des gardes nationales. Lafayette fut l'un des commissaires envoyés à Haguenau pour demander une suspension d'armes. Peut-être se flattait-il que la déchéance de Napoléon ôtant tout prétexte à de nouvelles hostilités, les puissances coalisées qui prétendaient n'avoir voulu faire la guerre qu'à un seul homme, laisseraient désormais la France libre de choisir la forme de son gouvernement. Mais c'était mal connaître l'esprit de la sainte alliance; la suspension d'armes fut refusée; on entrava par tous les moyens le départ de Lafayette, et lorsqu'il revint à Paris, la capitulation était déjà signée et l'armée se retirait derrière la Loire. Ce fut dans ces conférences d'Haguenau que l'ambassadeur anglais, croyant sans doute que Lafayette n'avait demandé l'abdication de Napoléon que par un sentiment d'animosité personnelle contre l'ex-empereur, osa lui dire que les alliés ne feraient la paix que si on livrait le grand homme entre leurs mains : « Je « m'étonne, Mylord, répondit-il, que pour pro- « poser cette lâcheté au peuple français, vous vous « adressiez de préférence au prisonnier d'Olmultz. »

Le 6 juillet, il monta à la tribune pour rendre compte de la mission d'Haguenau, et de l'esprit public des départemens qu'il avait traversés, tous adhérant au manifeste qu'après la déchéance de Napoléon la chambre des représentans avait unanimement voté comme base d'une nouvelle constitution. Deux jours après, les députés se rendant au palais de leurs séances, en trouvèrent les portes fermées et gardées par les Prussiens. La plupart se réunirent chez Lafayette; et de là, se rendant à l'hôtel de Lanjuinais, président de la Chambre, ils y signèrent une protestation contre cette violation faite à la représentation nationale.

La patrie était envahie et tout espoir de la sauver

perdu. Gémissant sur ses malheurs et sur les affreuses réactions de 1815, Lafayette se retira de nouveau à la Grange. Il y demeura étranger aux affaires publiques jusqu'en 1817, époque à laquelle les vœux d'un très-grand nombre d'électeurs de la capitale l'appelèrent à la députation. Les intrigues ministérielles firent d'abord échouer son élection ; mais elles ne purent empêcher que l'année suivante il fût nommé député de la Sarthe. Depuis cette époque il n'a pas cessé de siéger à la chambre des députés ; et on l'a vu, invariable dans les principes d'une sage liberté, combattre avec vigueur toutes les propositions inconstitutionnelles, demander en 1819 le rappel des bannis et le maintien de la loi électorale, voter dans les sessions suivantes contre les lois restrictives de la liberté de la presse et de la liberté individuelle, venger l'honneur de la France insultée par plusieurs membres du côté droit, réclamer enfin, dans toutes les circonstances, les franchises populaires, les fruits de la révolution de 1789 et surtout la grande institution de la garde nationale, dont mieux que personne il pouvait apprécier les avantages. Rien ne l'arrêta dans cette noble et pénible tâche, ni les clameurs indécentes des centres, ni les moqueries des gens de cour qui croient répondre par de mauvaises plaisanteries à une bonne raison, ni souvent même l'indifférence de son propre parti qui, fatigué d'une lutte continuelle et sans résultat, se laissait aller au découragement. Quant à Lafayette, il ne désespéra jamais de la chose publique. Il jugea la France ce qu'elle était réellement, fille de la révolution de 1789, nourrie des principes puisés dans le sein de sa mère, et n'attendant qu'une occasion pour faire éclater à la face du monde le triomphe de ses véritables sentimens.

Voulant revoir, avant de mourir, sa patrie adoptive, celle du grand Washington, Lafayette fit, il y a deux ans, un voyage en Amérique. On peut lire dans les journaux du temps avec quel enthousiasme il fut accueilli par ce peuple reconnaissant. Jamais pareils honneurs ne furent rendus à un conquérant rentrant en vainqueur dans ses états. C'était aussi plus qu'une province conquise qu'il avait donnée au pays dont il avait embrassé la défense dans sa jeunesse; c'était la liberté même dont son épée et son exemple avaient si puissamment contribué à la doter; c'est la jouissance de ce bienfait inestimable qui lui valait les hommages empressés d'un peuple fier et généreux. Les pères le montraient avec orgueil aux enfans comme l'ami de Washington, l'ancien compagnon de leurs périls, celui qui avait entraîné la France à la reconnaissance des États de l'Union; et les enfans, heureux sous un gouvernement digne de servir de modèle aux vieilles sociétés européennes, accueillaient par leurs acclamations l'un des principaux auteurs de tant de biens. Le tableau de l'Amérique n'était pas un spectacle moins agréable pour les yeux de Lafayette; plus de quarante ans s'étaient écoulés depuis qu'il en était parti, et il la voyait aujourd'hui élevée par la seule force de ses institutions au plus haut point de prospérité où puisse parvenir une nation. C'était un exemple vivant des bienfaits des principes politiques qu'il n'avait cessé de professer;

et c'est le meilleur argument encore qu'on puisse opposer aux partisans de maximes contraires.

Ce voyage de Lafayette en Amérique exerça en France la plus salutaire influence sur l'opinion, et donna plus de confiance en leurs forces aux partisans des idées libérales. A son retour, tous les départemens qu'il traversa firent éclater pour lui le plus vif enthousiasme ; l'ami de Washington dut se croire encore dans les États-Unis. La ville de Lyon se distingua surtout par la franche énergie de ses sentimens ; tous les efforts d'un gouvernement soupçonneux, toutes les ruses de la police n'en purent comprimer la libre et publique manifestation. Lafayette lui-même essaya vainement de se soustraire à ces ovations populaires : tant la nation saisissait avec empressement toutes les occasions qui lui étaient offertes de témoigner son antipathie pour les hommes qui la gouvernaient alors. Cependant ceux-ci n'en devinrent pas plus sages ; même leur audace sembla s'accroître en raison des obstacles qu'ils rencontraient ; les ordonnances de juillet parurent, et la révolution éclata.

Nous avons dit, dans la vie de Louis-Philippe, quelle part glorieuse prit Lafayette à ce grand événement ; avec quelle ardeur de jeunesse, le premier de tous les généraux et de tous les chefs de l'opposition, il se mit à la tête du mouvement révolutionnaire ; et comme il organisa promptement une nouvelle garde nationale parisienne, afin de prévenir les excès de la victoire et de consacrer à jamais la sainte alliance de l'ordre et de la liberté. Il devint ainsi le centre d'action du gouvernement provisoire installé à l'Hôtel-de-Ville. Certes, avec une ambition vulgaire, il n'eût tenu alors qu'à lui de s'en faire nommer le chef; mais ce n'est pas un tel homme qui voulait déshonorer sa vieillesse par un démenti donné à soixante ans de générosité et de dévouement à la chose publique. Si d'un autre côté il eût voulu, comme l'en accusent les courtisans d'aujourd'hui, établir à toute force un gouvernement semblable à celui des États-Unis, l'occasion n'était pas moins belle pour réaliser ce projet favori. La plupart des vainqueurs de juillet ne demandaient pas autre chose, et ils avaient alors la force en main. Mais Lafayette ne jugea pas la société française encore assez mûre pour de telles institutions; ou plutôt, peu lui importait le nom et la forme du gouvernement, pourvu que la France fût libre au-dedans et respectée au-dehors. Ainsi, dès que le nom de Louis-Philippe eût été prononcé, dès qu'il vit ses collègues réunis à Paris se rallier à ce choix, il s'empressa de le confirmer par son suffrage; et confiant dans les vertus privées et dans les antécédens tout patriotiques du prince, il le présenta au peuple comme *la meilleure des républiques*. Ce seul mot fit tomber les armes des mains des patriotes rassemblés à l'Hôtel-de-Ville autour de Lafayette, à la condition néanmoins que le lieutenant-général accepterait pour lui et les siens les propositions qu'ils allaient lui présenter. C'est alors que fut rédigé le fameux *programme de l'Hôtel-de-Ville*. Ses principales dispositions étaient, dit-on, les suivantes :

1.° La souveraineté nationale reconnue en tête de la constitution comme le dogme fondamental du gouvernement ;

2.º Point de pairie héréditaire ;

3.º Renouvellement complet de la magistrature ;

4.º Loi municipale et communale sur le principe le plus large de l'élection. Pas de cens d'éligibilité ;

5.º L'élection appliquée à toutes les magistratures inférieures ;

6.º Plusieurs autres dispositions touchant les priviléges et les monopoles qui paralysent l'industrie, etc., etc. ;

7.º Tout cela enfin adopté provisoirement et devant être soumis à la sanction de la nation, seule capable de s'imposer le système de gouvernement qui lui conviendrait.

Ce programme, présenté au général Lafayette, fut par lui reçu comme l'expression de ses propres opinions. Il se chargea de le faire connaître au lieutenant-général, et il le résuma lui-même en disant qu'il était question d'élever *un trône populaire entouré d'institutions républicaines*. Il partit ensuite pour le Palais-Royal, et, à son retour, dit à la députation populaire : « que le duc d'Orléans et son
« fils partageaient toutes les opinions des patriotes,
« que ce que ceux-ci devaient proposer était la pensée
« intime de ces princes, et qu'on pouvait s'en
« remettre à eux du soin d'assurer le bonheur de la
« France. »

Tout porte à croire qu'il y a eu dans cette affaire un mal-entendu facile à expliquer au milieu du choc des événemens et de l'agitation des esprits, mais qui n'en est pas moins fâcheux pour la cause publique ; soit que le général Lafayette ait pris pour positif ce qui n'était que conditionnel dans les promesses de l'Hôtel-de-Ville ; soit plutôt que le lieutenant-général du royaume ait regardé la déclaration de la Chambre des députés, qui lui fut présentée presque en même temps que le programme, comme un témoignage plus authentique de l'opinion du pays dont les représentans de la nation auraient dû en effet se montrer les véritables interprêtes ; car, de part et d'autre on ne peut soupçoner ni mauvaise foi ni arrière-pensée. Ce qu'il y a de certain, c'est que le roi des Français n'a prêté de serment public qu'à cette déclaration, et depuis, à la charte improvisée qui en fut la conséquence ; que ces deux actes, expression de la pensée de la Chambre des députés, furent loin, même alors, non-seulement de satisfaire à l'opinion publique, mais encore de contenter ceux qui aujourd'hui ne trouvent pas assez d'éloges pour cette Chambre ; et que, si les patriotes se soumirent à la forme de gouvernement établie par elle, ce fut dans la pensée d'éviter au pays de nouveaux déchiremens, et surtout avec la juste confiance que leur inspiraient l'esprit libéral et le généreux caractère du chef de l'état.

Un des premiers actes du règne de Louis-Philippe fut de confirmer Lafayette dans le commandement que lui avait décerné le suffrage unanime de ses frères d'armes. Le nouveau général en chef de la garde nationale n'usa de son immense pouvoir que dans l'intérêt de la liberté et de la nouvelle dynastie. Par lui toutes les nuances de l'opinion constitutionnelle vinrent se fondre dans un sincère attachement pour le roi des Français et pour les bienfaisantes institutions qu'annonçait son inauguration ; par lui, les citoyens armés et exercés sur tous les points de la France se montrèrent bientôt les dignes auxiliaires des troupes de ligne, et prêts non-seulement à résister à une nouvelle coalition, mais à faire respecter partout l'indépendance et l'honneur de la patrie. Ces soins importans ne lui firent pas négliger les travaux de la tribune, il sembla même alors révéler un talent oratoire dont on n'avait peut-être pas encore apprécié toute l'étendue. La révolution de juillet lui parut ce qu'elle était en effet, une révolution réelle, la fille de celle de 1789, et il réclama avec énergie toutes les réformes qui en devaient être les conséquences nécessaires, et prévenir les sanglans excès de 1793. Non moins fidèle à ses principes de généreuse modération, il ne craignit pas de compromettre sa popularité renaissante, en joignant sa voix à celle de M. de Tracy, son gendre, pour l'abolition de la peine de mort; et cela dans le temps même que le peuple ameuté demandait à grands cris le dernier supplice des coupables signataires des ordonnances. Il fit plus que parler; en sa qualité de commandant-général des gardes nationales, il prit des mesures aussi sévères, pour faire respecter l'indépendance de la Cour des pairs, que celles qu'il avait employées en d'autres temps envers les juges du malheureux Favras. Toute la garde nationale de Paris et de sa banlieue fut mise sur pied, et réunie autour du palais du Luxembourg, pour empêcher le peuple irrité de se porter aux dernières extrémités. Lafayette se présenta lui-même plusieurs fois devant les mutins, et chaque fois l'autorité de sa parole les fit rentrer dans le devoir. Cependant la fureur du peuple ne connut plus de bornes, lorsqu'il apprit que les hommes qui, pendant trois jours, avaient si impitoyablement fait répandre son sang, étaient condamnés à une simple détention ; des cris de mort effrayans menaçaient à la fois les juges et les coupables. Animée des mêmes sentimens, la garde nationale remplissait comme à regret un devoir pénible. Lafayette sut contenir de nouveau le courroux terrible du peuple, en même temps qu'il affermit ses frères d'armes dans leurs bonnes résolutions. Grâces surtout à lui, la révolution de juillet sortit encore pure de cette nouvelle épreuve. Pendant qu'il se dévouait ainsi au bien public, la Chambre des députés supprimait le commandement général des gardes nationales du royaume, mesure pleine de sagesse sans doute, que Lafayette lui-même avait provoquée en 1790, mais qui aurait dû, dans les circonstances présentes, recevoir une exception en sa faveur. Ce n'est pas d'un tel homme en effet qu'on devait jamais redouter des projets ambitieux et contraires à l'autorité royale constitutionnelle ; aussi Louis-Philippe fit-il les plus grands efforts pour l'engager à garder au moins le commandement de la garde nationale de Paris. Lafayette se crut obligé de donner sa démission, non par un sentiment d'amour-propre blessé, mais parce qu'à la suite des troubles de décembre, la conduite de la chambre des députés lui parut encore plus opposée qu'auparavant aux véritables principes de la révolution de juillet. Cette retraite affligea sincèrement les véritables amis de la liberté, et surtout les gardes nationales de toutes les parties du royaume, qui, à sa voix, s'étaient levées avec tant d'enthousiasme. De tous côtés lui vinrent des adresses exprimant les regrets des milices citoyennes de se voir privées de leur digne et vénérable chef, et quoique absent, il continue en quelque sorte à être l'âme de ce grand corps.

Lorsque la Belgique, la Pologne et l'Italie brisèrent avec tant d'héroïsme le joug de leurs tyrans, Lafayette donna son adhésion pleine et entière à ces diverses révolutions, justes conséquences de la nôtre, et engagea vivement le gouvernement français à les soutenir autrement que par des vœux et des notes diplomatiques. Ce fut alors qu'il réduisit à sa juste valeur ce dérisoire système de non-intervention qui, jusqu'à présent, a consisté uniquement à ne pas approuver ce que nous devrions empêcher, et nous a fait abandonner la cause des peuples que notre seul exemple avait excités à l'insurrection. Cependant il se forma à Paris un comité polonais chargé de recevoir les souscriptions ouvertes en faveur des généreux patriotes de la Pologne, seul secours, hélas! qu'il ait été permis à la France de leur envoyer. Le général Lafayette en fut nommé président. Les Polonais reconnaissans lui envoyèrent une députation qui lui offrit avec le titre de citoyen l'uniforme de grenadier de la garde nationale polonaise.

Le faux système suivi par le gouvernement ne servit qu'à enhardir les partisans de Charles X, qui, si peu de temps auparavant, se trouvaient trop heureux de se confier à la générosité du peuple, et les troubles de février eurent lieu. Le peuple, exaspéré par les hommages rendus à la mémoire d'un prince mort depuis onze ans, en présence même des tombeaux où palpitaient encore les victimes de la tyrannie de son père, se porta à de déplorables excès. Les choses saintes furent profanées ; on saccagea l'archevêché ; on abattit plusieurs croix où les fleurs de lis se trouvaient mêlées à cet emblême religieux. Appelée trop tard pour prévenir ces dévastations, la garde nationale ne put qu'en arrêter les progrès. Lafayette alors ne la commandait plus. Il protesta du moins avec énergie contre cette funeste réaction, et demanda que les croix fussent replacées sur les églises. Ce fut dans cette circonstance qu'il donna à la tribune des explications sur le fameux programme de l'Hôtel-de-Ville et sur ce qu'il entendait par *un trône populaire entouré d'institutions républicaines*. Ces explications sont la meilleure réponse qu'on puisse faire à ceux qui, par des motifs de crainte ou de flatterie, élèvent toujours le fantôme sanglant de 1793 à côté d'un trône fondé sur l'amour du peuple et dans l'intérêt du peuple.

« Oui j'ai dit, s'écrie le député patriote, que je
« croyais utile à la liberté et à l'ordre public, que
« je regardais comme étant dans la volonté de la
« nation, l'établissement d'un trône populaire en-
« touré d'institutions républicaines. Des esprits gé-
« néreux se sont ralliés à cette formule ; elle a été
« adoptée par le prince à qui elle a été présentée, par
« le roi-citoyen que nous avons porté sur le trône.

« La république et la monarchie sont des expres-
« sions vagues ; une monarchie représentative dans
« les temps modernes est plus républicaine que ne
« le furent dans l'antiquité les républiques d'Athè-
« nes, de Sparte et de Rome, et dernièrement les
« républiques de Gênes et de Venise.

« Savez-vous ce que j'entends par institutions
« républicaines ? c'est une garde nationale formée

« par tous les citoyens, armée tout entière, et qui
« est commandée par des officiers de son choix.
« C'est la déclaration de la souveraineté nationale,
« déclaration que vous soutenez non-seulement dans
« l'intérieur, mais en face de tous les peuples qui
« veulent embrasser vos doctrines. Il est encore
« d'autres institutions républicaines que j'aurais
« voulu voir fondées par la loi sur l'organisation
« municipale. Je trouve fort étrange que, dans une
« société de six millions de citoyens, quatre mil-
« lions soient frappés d'incapacité, c'est-à-dire,
« faute de payer une certaine quotité d'impôt fon-
« cier, exclus de la nomination des officiers muni-
« cipaux. J'ai vu avec peine une exclusion qui
« consacre le principe aristocratique; car l'aristo-
« cratie est le privilége qu'on accorde à un petit
« nombre de citoyens contre le plus grand nombre,
« dans tous les cas où le plus grand nombre peut
« exercer ses droits sans inconvénient pour la sureté
« publique. »

S'élevant ensuite contre le système du juste milieu et ses funestes conséquences, il ajoute :

« Voilà pourquoi je suis pour les mesures popu-
« laires ; voilà pourquoi je suis pour les institutions
« républicaines qui entourent un trône national.
« Certes, on ne m'accusera pas d'être ennemi de
« l'ordre public. Quelques années de garde natio-
« nale et de proscription suffisent pour démontrer
« ma haine contre l'anarchie. Je ne vous parlerai
« pas des désordres qui ont eu lieu ; j'ai besoin
« même de les croire étrangers à une révolution qui
« se distingue entre toutes les autres, non-seulement
« parce qu'elle a été le signal de l'émancipation de
« l'Europe, mais parce qu'elle a été pure de sang

« et brillante de générosité, et je suis autant alarmé,
« autant affligé que je le serais pour mon propre
« honneur, toutes les fois que j'ai lieu de craindre
« que sa pureté ne soit souillée par des excès. »

Ces généreux principes se trouvent encore plus expliqués et mieux développés dans la lettre mémorable que le général Lafayette, nouveau candidat de la députation de Meaux, adressa le 13 juin dernier, de son domaine hospitalier de la Grange, aux électeurs de l'arrondissement. Nous regrettons que les bornes de cette notice ne nous permettent pas de rapporter en entier ce document précieux, où l'ami de Washington, s'indignant avec justice de voir ses libérales intentions méconnues, rappelle avec un juste sentiment de fierté ce qu'il a fait dans tous les temps pour la défense de l'ordre et de la liberté.

« Lorsque l'ère américaine, dit-il, eût fondé la
« liberté, non plus sur de vagues dénominations de
« république et de monarchie, mais sur une re-
« cherche consciencieuse des droits essentiels à tous
« les hommes, à toutes les nations, il m'a été donné,
« le 11 juillet 1789, de proclamer le premier en
« Europe cette déclaration de droits naturels et so-
« ciaux, fruit de ma vie passée, gage de ma vie
« future, invoquée depuis par les opprimés de tous
« les partis, qui devient à la fois mon manifeste et
« mon ultimatum.

« C'est ainsi qu'après avoir, moi, soldat répu-
« blicain de 1776, servi contre diverses factions
« l'ordre fondé par la souveraineté du peuple, je
« me sacrifiai en 1792, dans ma juste prévoyance
« d'une criminelle anarchie, à la défense du trône
« constitutionnel. Ce républicanisme, avoué de tout
« temps et en tout lieu, ne m'empêcha pas, après

« ma captivité coalitionnaire, de prolonger ma pros-
« cription plutôt que d'accéder aux violences anti-
« royalistes du 18 fructidor ; et de même que mon
« constant amour de l'ordre ne m'a pas fait l'illusion
« de seconder, sous ce prétexte, les usurpations
« successives d'un consulat ambitieux, l'éclat de la
« gloire impériale ne m'entraîna pas dans cette
« foule de peuples, de rois, de guerriers et de
« prêtres, d'aristocrates, de modérés et de jacobins
« de toutes les époques, passant tous leurs cous
« sous les anneaux d'une même chaîne. Ces senti-
« mens, je les professai, je les pratiquai sous les
« deux restaurations comme dans l'intervalle des
« cent-jours, et je méritai qu'après quarante an-
« nées d'absence, il me fût déclaré solennelle-
« ment, au nom des États-Unis, au sein de leur
« congrès national, que chacun de mes actes euro-
« péens avait été digne d'un disciple de l'école
« américaine. »

C'est dans cette lettre enfin que le grand citoyen explique en ces termes quel fut le fameux *programme de l'Hôtel-de-Ville.*

« Après la visite du nouveau lieutenant-général,
« accompagné des députés, à l'Hôtel-de-Ville, je crus
« trouver dans l'autorité et dans la confiance popu-
« laire dont j'étais investi, le droit et le devoir
« d'aller m'expliquer franchement, au nom de ce
« même peuple, avec le roi projeté. — Vous savez
« lui dis-je, que je suis républicain et que je regarde
« la constitution des États-Unis comme la plus
« parfaite qui ait existé. — Je pense comme vous,
« répondit le duc d'Orléans; il est impossible d'a-
« voir passé deux ans en Amérique et de n'être pas
« de cet avis; mais croyez-vous, dans la situation

« de la France, et d'après l'opinion générale, qu'il
« nous convienne de l'adopter? — Non, lui dis-je;
« ce qu'il faut aujourd'hui au peuple français, c'est
« un trône populaire entouré d'institutions répu-
« blicaines, tout-à-fait républicaines. — C'est bien
« ainsi que je l'entends, répartit le prince. Cet
« engagement mutuel qu'on appréciera comme on
« voudra, ajoute Lafayette, mais que je m'empres-
« sai de publier, acheva de rallier autour de nous,
« et ceux qui ne voulaient pas de monarque, et ceux
« qui en voulaient un tout autre qu'un Bourbon. »

Les électeurs comprirent tout ce qu'il y avait de générosité et de grandeur dans la lettre justificative du candidat patriote, et malgré les petites menées du ministère, le nom de Lafayette sortit deux fois triomphant de l'urne électorale. Le même honneur fut rendu à M. Georges Lafayette, digne héritier des vertus de son illustre père ; et tous deux, à jamais fidèles à la cause du peuple, défendent encore à la tribune nationale ces grands principes de liberté, d'ordre et d'égalité que l'amide Washington a proclamés comme devant être à la fois son manifeste et son ultimatum.

Le premier anniversaire des trois grandes journées de juillet vient de témoigner encore tout ce qu'il y a dans la nation de sympathie pour le nom de Lafayette. Tous les yeux le cherchaient vainement dans le cortège royal. Il était au Panthéon, confondu parmi les spectateurs, lorsque le Roi des Français scella de sa propre main sur les murs du temple de la gloire les tables d'airain où sont inscrits les noms des victimes de juillet. A la symphonie funèbre, exécutée en l'honneur des braves morts pour la liberté, succédèrent les chants patriotiques de la *Marseillaise* et de la *Parisienne*. Mais arrivés au couplet :

> C'est la liberté des deux mondes,
> C'est Lafayette en cheveux blancs;

les chanteurs furent tout-à-coup interrompus par un cri général et prolongé de *vive, vive Lafayette* !

A la sortie du Panthéon, on le reconnut dans sa voiture qui fut aussitôt entourée d'une multitude avide de contempler les traits de cet immuable citoyen. La foule le reconduisit ainsi en triomphe jusque dans sa maison. Quand le cortège arriva devant la terrasse des Tuileries, l'artillerie applaudit au général et au mouvement du peuple, et plusieurs coups de canon le saluèrent à son passage. Descendu à son hôtel, ému jusqu'aux larmes, il adressa à la multitude ces mots qui partaient de son cœur :

« Mes amis, je vous remercie de l'intérêt que « vous me témoignez. Nous venons de célébrer en- « semble l'anniversaire de ces journées de deuil et « de gloire. C'est pour vous et pour moi la grande « semaine du peuple ; comptez toujours sur moi « pour défendre la liberté. N'en séparons pas l'ordre « public. C'est entre nous à la vie, à la mort. » Interrompu par les cris *vive Lafayette ! vive la liberté ! vive la Pologne !....* Son émotion ne lui permit que ce peu de mots. « Vous parlez de la « Pologne ; je vois avec plaisir que nous sympathi- « sons toujours avec elle ; président du comité po- « lonais, je vous remercie en son nom de cet élan « fraternel. »

LONS-LE-SAUNIER, IMPRIMERIE DE F. GAUTHIER.

www.ingramcontent.com/pod-product-compliance
Lightning Source LLC
Chambersburg PA
CBHW070435170426
43201CB00010B/1103